Betörend aromatisch

ist der Duft von Kräutern und Gewürzen, aber besonders raffiniert – und dazu noch einfach – ist das Würzen mit ätherischen Ölen. Sie geben Ihren Speisen das gewisse Etwas. Ob als Ersatz für frische Kräuter oder als Akzentwürze: Sie sind das Tüpfelchen auf dem »i«, und sie sind immer zur Hand. Komponieren Sie doch einmal Ihre eigene Geschmackssinfonie!

Die Farbfotos gestalteten Sabine E. Rieck und Ulrike Schmid.

Die Temperaturstufen bei Gasherden
variieren von Hersteller zu Hersteller.
Welche Stufe Ihres Herdes der jeweils angegebenen Temperatur entspricht, entnehmen Sie bitte der Gebrauchsanweisung.

Wie schmeckt es?

Ist die erste Frage, die gestellt wird, wenn mit viel Liebe zubereitetes Essen auf den Tisch kommt. Dabei müßte es heißen: Wie riecht es? Denn schmecken können wir tatsächlich nur sauer, salzig, süß, scharf und bitter. Alle anderen Eindrücke nehmen wir über die Nase auf. Unser Geruchssinn ist der sinnlichste aller Sinne. Er spielt eine weit größere Rolle, als uns bewußt ist: Es ist das Aroma, der Geruch einer feinen Speise, das uns das Wasser im Mund zusammenlaufen läßt.

Wir haben ein ausgeprägtes Geruchsgedächtnis: Haben Sie nicht auch schon erlebt, daß der Duft von Zimt und Vanille Sie unvermittelt in Ihre Kindheit zurückversetzt – Erinnerungen an Großmutters Bratäpfel und warme Stube lebendig werden läßt?

Aus diesen Gründen ist das Würzen von Speisen die Krönung der Kochkunst: Weil Düfte sich einprägen und eine geradezu magische Kraft auf uns ausüben können. Doch abwechslungsreiches Würzen dient auch der Gesundheit. Allein der Duft von Speisen bringt die Verdauungssäfte zum Fließen. Er regt die Produktion von Speichelenzymen und Magensäften an. Dadurch werden Speisen leichter verdaut.

Zwischen Heilen und Kochen besteht ein enger Zusammenhang. Diese Erkenntnis ist nicht neu. Schon in über 2000 Jahre alten Aufzeich-

In der sogenannten Destille wird das kostbare Rosen-Öl gewonnen.

nungen findet man Hinweise auf die Heilkraft von Kräutern und duftenden Gewürzen. Eben weil sich in ihnen Sinnlichkeit und Heilkraft verbinden, haben sie ihren festen Platz in der Küche gefunden. Doch was tun, wenn man weder einen Kräutergarten hat noch die Gelegenheit, frische Kräuter und Gewürze zu kaufen?

In diesen Fällen hilft der Griff in eine »Duft- und Gewürz-Trickkiste« ganz besonderer Art: Lassen Sie sich von der Vielseitigkeit der ätherischen Öle überzeugen.

Was sind ätherische Öle?

Ätherische Öle sind wohlduftende, aromatische, flüchtige Substanzen von unterschiedlicher Farbe, je nach Herkunft und Gewinnungsart. In der Literatur wird häufig auch von

Ätherische Öle sind empfindliche, flüchtige Substanzen. Ihre Farbe variiert je nach Herkunft und Herstellungsart.

4

»Essenzen« oder »Aromen« gesprochen. Ätherische Öle sind häufig pflanzlichen Ursprungs. Wenn in diesem Buch von ätherischen Ölen gesprochen wird, sind immer pflanzliche gemeint. Sie sind das Essentielle (Wesentliche) einer Pflanze, ihre Kraft und Energie in konzentrierter Form.

In ihren Öldrüsen speichern Pflanzen winzigste Mengen von ätherischen Ölen. Sie dienen ihnen dazu, Insekten anzulocken, fernzuhalten oder sich vor Krankheiten zu schützen. Um diese Öle bilden zu können, brauchen die Pflanzen Licht und Wärme. Bestimmte Pflanzen liefern Öle, die für den Menschen gesundheitlich von großer Bedeutung sind.

Außerdem werden ätherische Öle auch für die Herstellung von Parfums genutzt.

Das Aroma ätherischer Öle entfaltet sich am besten in Emulgatoren.

Die Gewinnung ätherischer Öle

Duftpflanzen werden auf der ganzen Welt angebaut oder wildwachsend geerntet. Erfreulich ist die Zunahme des kontrolliert-biologischen Anbaus: artgerechte Anpflanzung, weniger Belastung durch Pestizide und schärfere Kontrolle.

Ätherische Öle werden aus verschiedenen Pflanzenteilen gewonnen, zum Beispiel aus Blüte, Blatt, Schale, Frucht, Samen, Wurzel oder Holz. Dafür bedarf es unterschiedlicher Gewinnungsverfahren.

Die Wasserdampfdestillation steht dabei an erster Stelle. Bei dieser Methode werden die ätherischen Öle mit Hilfe von heißem Wasser oder Wasserdampf freigesetzt.

Die Extraktion (Auszug) ist ein Verfahren, bei dem mit Hilfe von Alkohol oder eines chemischen Lösungsmittels der Pflanze die löslichen Aromastoffe entzogen werden. Für die Küche kommen nur solche Aromen in Frage, die mittels Alkohol entzogen wurden.

Expression (Kaltpressung) ist das schonendste Gewinnungsverfahren. Zitrus-Öle gewinnt man ausschließlich auf diese Art.

Naturidentische Öle sind synthetisch im Labor hergestellte Öle. Die dabei entstehenden chemischen Nebenprodukte und deren Einfluß auf unsere Gesundheit sind noch weitgehend unbekannt. Vom Gebrauch dieser Öle rate ich dringend ab!

Worauf Sie beim Einkauf achten sollten

Mittlerweile ist das Angebot von ätherischen Ölen fast unüberschaubar geworden. Selbst auf Jahrmärkten und in Souvenirläden finden Sie Fläschchen mit Duftölen, oft zu einem erstaunlich günstigen Preis. Hier ist größte Vorsicht geboten! Denn Qualität hat ihren Preis. Kaufen Sie nur dort, wo Sie eine kompetente Beratung erhalten, beispielsweise in Naturkostläden. Achten Sie darauf, daß die

5

Wichtige Angaben auf den Flaschenetiketten

• 100% reines ätherisches Öl
• deutscher und lateinischer Pflanzenname
• Angabe des Pflanzenteils aus dem das Öl gewonnen wurde (z.B. Zimtblätter, Zimtrinde)
• Füllmenge in ml oder g
• Ursprungsland
• Gewinnungsverfahren (Wasserdampfdestillation, Extraktion, Expression)
• Bei Extraktion: Benennung des Lösungsmittels; ist das Öl rückstandskontrolliert?
• Qualitätsangaben, beispielsweise: aus kontrolliert biologischem Anbau, aus kontrolliert biologischer Wildsammlung, aus konventionellem Anbau (also mit Pestiziden behandelte Pflanzen)
• genaue Angabe des Zusatzes und des Mischungsverhältnisses in Prozent
• Chargennummer (Kontrollnummer)

im Kasten oben aufgeführten Angaben auf den Flaschenetiketten und in den Preislisten zu finden sind.

Seien Sie vorsichtig, wenn ätherische Öle in durchsichtigen Fläschchen angeboten werden. Die sehr licht-, luft- und temperaturempfindlichen ätherischen Öle müssen in Lichtschutz-Gläsern aufbewahrt werden: Fläschchen aus braunem, blauem oder milchigweißem Glas sind geeignet. Daran sollten Sie auch bei der Aufbewahrung Ihrer ätherischen Öle und Würzöl-Mischungen denken – dann bewahren ätherische Öle ihre Qualität über viele Jahre hinweg. (Aus optischen Gründen haben wir die Öle auf den Fotos in klare Glasfläschchen und nicht in Lichtschutzfläschchen gefüllt.) Eine Ausnahme sind die durch Expression gewonnenen Zitrus-Öle. Sie sind nur ein bis zwei Jahre haltbar.

Ätherische Öle in der Küche

Sie sind keineswegs als vollständiger Ersatz für frische Kräuter, Gewürze oder Zitrusfrüchte gedacht. Vielmehr sollen sie eine Ergänzung und Bereicherung Ihrer Küche sein. Sie erweitern Ihr Würz-Spektrum auf einfache und unkomplizierte Weise. Pfeffer-Öl beispielsweise gibt einem Gericht den typischen Pfeffer-Geschmack – aber ohne Schärfe, denn nicht jeder liebt es scharf. Viele Kinder und auch manche Erwachsene lehnen frische oder getrocknete Kräuter im Essen ab. Durch das dezente Würzen mit ätherischen Ölen müssen sie weder auf deren Geschmack noch auf ihre wohltuende, oft gesundheitsfördernde Wirkung verzichten. Ätherische Öle sind darüber hinaus hervorragend geeignet, den Eigengeschmack

einer Speise zu betonen, ohne ihn zu überdecken. So können Sie beispielsweise mit Bay-Öl und Karottensamen-Öl den feinen Eigengeschmack von Möhren betonen. Raffinierte und überraschende Geschmackskombinationen sind einfach und rasch möglich: Ein Hauch von Pfeffer- und Zitrus-Öl gibt Schlagsahne mit frischen Erdbeeren das gewisse Etwas. Ätherische Öle bringen Abwechslung in Ihre Küche: Sie können einem Gemüse spontan eine indische oder eine mediterrane Geschmacksrichtung geben, ganz nach Lust und Laune. Dabei ist das Würzen mit ätherischen Ölen absolut keine Hexerei. Wenn Sie gewisse Regeln beachten, werden Sie viel Spaß und Freude daran haben. Und noch ein Vorteil: Sie werden von vielen vorbereitenden Arbeiten entlastet.

Weniger ist oft mehr

Ätherische Öle sind hochkonzentrierte, flüchtige und fettlösliche Pflanzensubstanzen. Daraus ergeben sich einige Regeln, die Sie stets beachten müssen, damit Sie beim Würzen den gewünschten Effekt erzielen.

• Ein Tropfen zuviel kann schon alles verderben. Seien Sie anfangs vorsichtig mit Ihrer Dosierung – ein Nachwürzen ist jederzeit möglich. Tropfen Sie unverdünnte ätherische Öle nie direkt in Ihre Speisen, sondern zuerst auf einen Löffel. Es kann Ihnen passieren, daß statt eines Tropfens gleich mehrere heraustropfen. Spülen Sie in einem solchen Fall den Löffel ab, und beginnen Sie neu zu dosieren.

• Bei sehr intensiven Aromen (beispielsweise Zimt) genügt manchmal ein Hauch. In diesem Fall geben Sie nur 1 Tropfen ätherisches Öl auf einen Kaffeelöffel, den Sie anschließend wieder abtropfen lassen. Mit dem Öl, das am Löffel haften geblieben ist, können Sie die Nachspeise aromatisieren.

• Wenn Sie besonders fein und dezent würzen wollen, müssen Sie daran denken, daß ätherische Öle flüchtig sind.

Vor allem bei warmen Suppen und Saucen gebe ich das ätherische Öl oder die Würzöl-Mischung erst kurz vor dem Servieren dazu.

• Damit das Aroma ätherischer Öle sich voll entfaltet und die gesamte Speise durchdringt, sind sogenannte Emulgatoren nötig. Reine, unverdünnte ätherische Öle deshalb tropfenweise in einem Emulgator lösen. Zum Emulgieren eignen sich:
• Eigelb
• alle Speiseöle
• Butter
• Sahne, Crème fraîche, saure Sahne, Joghurt

• Mayonnaise
• Senf
• Essig
• Alkohol
• Honig, Ahornsirup
• Zucker, Vollrohrzucker
• Salz

Würzöl-Mischungen herstellen

Würzöl-Mischungen sind Zusammensetzungen von ätherischen Ölen und Speiseölen. Würzöl-Mischungen habe ich immer vorrätig, denn sie sind praktisch in der Dosierung. Allerdings müssen sie 2 – 4 Wochen reifen, bevor sie verwendet werden können. Außerdem sind

Rosen-Öl ist eines der komplexesten ätherischen Öle. Mit ihm lassen sich Bowlen, Tees, Liköre, Suppen, Honig, Sirup und Joghurt aromatisieren.

Rosenfeld in der Türkei mit Rosa Damascena.

Würzöl-Mischungen aus eigener Herstellung ein schönes Geschenk für kochbegeisterte Freunde. Sie können Würzöl-Mischungen ganz einfach selbst herstellen:

• Verwenden Sie 50 ml fassende Fläschchen aus Lichtschutzglas (am leichtesten erhältlich sind Fläschchen aus braunem Glas).
• Nehmen Sie zum Mischen nur hochwertige kaltgepreßte Speiseöle und 100 % reine ätherische Öle (Seite 5).
• Wollen Sie Einzelmischungen herstellen, z.B. Basilikum-Würzöl, dann rechnet man 1 Tropfen ätherisches Öl auf 10 ml Basisöl.
• Geben Sie zuerst das Basisöl in das Fläschchen, dann das ätherische Öl dazu und vermischen Sie beides gut miteinander, indem Sie das Fläschchen mehrmals zwischen den Handflächen rollen.

• Vergessen Sie nicht, Ihre Würzöl-Mischungen zu beschriften.
• Die fertige Mischung sollten Sie mindesten 2 – 4 Wochen reifen lassen, damit sich ihr Aroma voll entwickeln kann.
• Halten Sie sich anfangs an die hier vorgeschlagenen Rezepturen. Wenn Sie über mehr Erfahrung verfügen, sind Ihrer Kreativität und Fantasie keine Grenzen gesetzt.
• Beherzigen Sie die Regel: Weniger ist oft mehr.

Wichtig: Würzöl-Mischungen werden tee- bis eßlöffelweise verwendet – je nach gewünschter Würzintensität.

Viererlei
4 Tr. Pfeffer-schwarz-Öl
1 Tr. Nelkenblätter-Öl
2 Tr. Muskatnuß-Öl
3 Tr. Ingwer-Öl
50 ml Erdnußöl

Indisch
1 Tr. Pfeffer-schwarz-Öl
2 Tr. Zimt-Öl
1 Tr. Bay-Öl
2 Tr. Koriander-Öl
2 Tr. Ingwer-Öl
3 Tr. Kreuzkümmel-Öl
1 Tr. Kardamom-Öl
50 ml Erdnußöl

Asiatisch
3 Tr. Lemongrass-Öl
3 Tr. Ingwer-Öl
2 Tr. Pfeffer-grün-Öl
2 Tr. Koriander-Öl
50 ml Erdnußöl

Orientalisch
6 Tr. Pfeffer-schwarz-Öl
2 Tr. Zimt-Öl
2 Tr. Nelken-Öl
2 Tr. Koriander-Öl
2 Tr. Muskatnuß-Öl
4 Tr. Kardamom-Öl
50 ml Olivenöl, kaltgepreßt

Italienisch
2 Tr. Bergamotte-Öl
4 Tr. Mandarine-rot-Öl
2 Tr. Rosmarin-Öl
1 Tr. Thymian-rot-Öl
50 ml Olivenöl, kaltgepreßt

Provenzalisch
1 Tr. Thymian-rot-Öl
3 Tr. Oregano-Öl
2 Tr. Rosmarin-Öl
1 Tr. Lavendel-Öl
1 Tr. Salbei-Öl
50 ml Olivenöl, kaltgepreßt

Wild
2 Tr. Wacholder-Öl
1 Tr. Nelken-Öl
3 Tr. Pfeffer-schwarz-Öl
2 Tr. Lorbeer-Öl
50 ml Sonnenblumenöl, kaltgepreßt

Steckbriefe der gebräuchlichsten Öle

Die Kurzsteckbriefe sollen Ihnen eine Einkaufshilfe sein. Sie sind nach folgendem Schema aufgebaut:

- Name des Öls
- lateinischer Name
- Pflanzenteil, aus dem das Öl gewonnen wurde
- Gewinnungsart
- harmoniert mit welchen anderen Ölen?
- paßt wozu?

Anis

Pimpinella anisum
Samen
Wasserdampfdestillation
Harmoniert mit: Bay, Fenchel, Ingwer, Karottensamen, Kardamom, Koriander, Muskatnuß, Nelke, Pfeffer, Vanille, Zimt und allen Zitrus-Ölen
Paßt zu: Suppen, Gemüse, Fisch, Saucen, Getreideprodukten, Gebäck, Drinks, Eierspeisen und Milchprodukten

Basilikum

Ocimum basilicum
Kraut
Wasserdampfdestillation
Harmoniert mit: Bay, Bergbohnenkraut, Lavendel, Lorbeer, Lemongrass, Salbei, Oregano, Pfeffer, Rosmarin, Thymian, allen Zitrus-Ölen, hat ein sehr starkes Eigenaroma
Paßt zu: Salaten, Suppen, Gemüse, Getreideprodukten, Fisch, Fleisch, Saucen, Eierspeisen und Milchprodukten

Bay/Piment

Pimenta racemosa
Blätter
Wasserdampfdestillation
Harmoniert mit: allen anderen ätherischen Ölen
Paßt zu: Gemüse, Pilzen, Hülsenfrüchten, Reis, Getreideprodukten, Fleisch, Fisch, Früchten, Saucen, Gebäck, Drinks, Eierspeisen und Milchprodukten

Bergamotte

Citrus bergamia
Fruchtschale
Expression (Kaltpressung)
Harmoniert mit: allen anderen ätherischen Ölen
Paßt zu: Drinks, Früchten, Getreideprodukten, Eierspeisen und Milchprodukten

Bergbohnenkraut

Saturea montana
Kraut
Wasserdampfdestillation
Harmoniert mit: Bay, Basilikum, Oregano, Lorbeer, Rosmarin, Thymian, Pfeffer und Zitrone
Paßt zu: Suppen, Gemüse, Pilzen, Getreideprodukten, dunklem Fleisch, Saucen und Milchprodukten

Dill

Anethum graveolens
Kraut und Samen
Wasserdampfdestillation
Harmoniert mit: Anis, Bay, Fenchel, Estragon, Grapefruit, Koriander, Lorbeer, Muskatnuß, Pfeffer und Zitrone
Paßt zu: Gemüse, Salaten, Fisch, Saucen, Eierspeisen und Milchprodukten

Estragon

Artemisia dracunculus
Kraut
Wasserdampfdestillation
Harmoniert mit: Bay, Dill, Fenchel, Grapefruit, Koriander, Pfeffer und Zitrone, hat ein starkes Eigenaroma
Paßt zu: Gemüse, Salaten, Getreideprodukten, Fisch, hellem Fleisch, Saucen, Drinks, Eierspeisen und Milchprodukten

Fenchel (süß)

Foeniculum vulgare dulce
Samen
Wasserdampfdestillation
Harmoniert mit: Anis, Bay, Dill, Estragon, Karottensamen, Kardamom, Koriander, Mandarine, Muskatnuß, Nelken, Pfeffer, Rosmarin, Thymian und Zitrone
Paßt zu: Suppen, Gemüse, Salaten, Fisch, hellem Fleisch, Hülsenfrüchten, Getreideprodukten, Gebäck, Saucen, Eierspeisen und Milchprodukten

Grapefruit
Citrus paradisi
Fruchtschale
Kaltpressung
Harmoniert mit: allen
ätherischen Ölen
Paßt zu: Salaten, Gemüse,
Reis, Getreideprodukten,
Saucen, Gebäck, Drinks,
Früchten, Eierspeisen und
Milchprodukten

Ingwer
Zingiber officinale
Wurzel
Wasserdampfdestillation
Harmoniert mit: Anis, Bay,
Kardamom, Karottensamen,
Kreuzkümmel, Koriander,
Lavendel, Lemongrass, Lor-
beer, Muskatnuß, Nelke,
Rose, Pfeffer, Pfefferminze,
Thymian, Vanille, Wacholder,
Zimt und allen Zitrus-Ölen
Paßt zu: Suppen, Salaten,
Gemüse, Pilzen, Hülsenfrüch-
ten, Reis, Getreideprodukten,
Gebäck, Fisch, Fleisch, Früch-
ten, Drinks, Eierspeisen und
Milchprodukten

Kardamom
Elettaria cardamomum
Samen
Wasserdampfdestillation
Harmoniert mit: Anis, Bay,
Ingwer, Karottensamen,
Kreuzkümmel, Koriander,
Lemongrass, Muskatnuß,
Pfeffer, Pfefferminze, Rose,
Nelke, Vanille, Zimt und
allen Zitrus-Ölen
Paßt zu: Gemüse, Pilzen,
Reis, Getreideprodukten, Hül-
senfrüchten, Fleisch, Früchten,
Gebäck, Drinks und Milch-
produkten

Karottensamen
Daucus carota
Samen
Wasserdampfdestillation
Harmoniert mit: Anis, Bay,
Fenchel, Grapefruit, Ingwer,
Kardamom, Lemongrass,
Muskatnuß, Nelke, Pfeffer,
Rosmarin, Rose, Thymian,
Wacholder und Zitrone
Paßt zu: Suppen, Gemüse,
Saucen, Hülsenfrüchten,
Getreideprodukten und
Gebäck

Koriander
Coreandrum sativum
Samen
Wasserdampfdestillation
Harmoniert mit: Anis, Bay,
Estragon, Fenchel, Ingwer,
Kardamom, Kreuzkümmel,
Lemongrass, Muskatnuß,
Nelke, Rose, Pfeffer, Pfeffer-
minze, Vanille, Wacholder,
Zimt und allen Zitrus-Ölen
Paßt zu: Suppen, Gemüse,
Pilzen, Fisch, Fleisch, Reis,
Getreideprodukten, Hülsen-
früchten, Saucen, Gebäck,
Früchten, Drinks, Eierspeisen
und Milchprodukten

Kreuzkümmel
Cuminum cyminum
Samen
Wasserdampfdestillation
Harmoniert mit: Bay, Ingwer,
Kardamom, Koriander,
Lemongrass, Lorbeer, Muskat-
nuß, Nelke, Pfeffer, Thymian,
Wacholder, Zimt und allen
Zitrus-Ölen
Paßt zu: Gemüse, Salaten,
Hülsenfrüchten, Reis, Ge-
treideprodukten, Fleisch,
Fisch, Eierspeisen und
Milchprodukten

Lavendel fein
Lavandula officinalis
Blüten und Rispen
Wasserdampfdestillation
Harmoniert mit: Bay, Ingwer, Lemongrass, Lorbeer, Muskatnuß, Oregano, Pfeffer, Pfefferminze, Rose, Rosmarin, Salbei, Thymian, Vanille, Zimt und allen Zitrus-Ölen
Paßt zu: Salaten, Gemüse, Früchten, Drinks, Saucen und Milchprodukten

Lemongrass
Cybopogon citratus
Gras
Wasserdampfdestillation
Harmoniert mit: Basilikum, Bay, Ingwer, Kardamom, Karottensamen, Koriander, Kreuzkümmel, Lavendel, Lorbeer, Muskatnuß, Nelke, Pfeffer, Pfefferminze, Thymian, Vanille, Zimt und allen Zitrus-Ölen
Paßt zu: Suppen, Gemüse, Salaten, Früchten, Fleisch, Fisch, Saucen, Drinks, Hülsenfrüchten, Reis, Getreideprodukten, Eierspeisen und Milchprudukten

Limette
Citrus aurantifolia
Fruchtschale
Kaltpressung
Harmoniert mit: Anis, Basilikum, Bay, Ingwer, Kardamom, Koriander, Lavendel, Kreuzkümmel, Lorbeer, Pfeffer, Pfefferminze, Rose, Rosmarin, Thymian, Vanille, Zimt und allen Zitrus-Ölen
Paßt zu: Gemüse, Salaten, Reis, Getreideprodukten, Gebäck, Drinks, Früchten, Hülsenfrüchten, Saucen, Eierspeisen und Milchprodukten

Lorbeer
Laurus nobilis
Blätter
Wasserdampfdestillation
Harmoniert mit: Basilikum, Bay, Bergbohnenkraut, Dill, Ingwer, Kreuzkümmel, Lavendel, Lemongrass, Muskatnuß, Nelke, Oregano, Pfeffer, Rosmarin, Thymian, Wacholder und allen Zitrus-Ölen
Paßt zu: Gemüse, Pilzen, Getreideprodukten, Reis, Hülsenfrüchten, Fleisch, Fisch, Saucen

Mandarine rot und grün
Citrus reticulata
Fruchtschale
Kaltpressung
Harmoniert mit: allen ätherischen Ölen
Paßt zu: Gemüse, Salaten, Hülsenfrüchten, Reis, Getreideprodukten, Gebäck, Drinks, Früchten, Fleisch, Fisch, Saucen, Eierspeisen und Milchprodukten

Muskatnuß
Myristica fragrans
Fruchtkern
Wasserdampfdestillation
Harmoniert mit: Anis, Bay, Dill, Fenchel, Ingwer, Kardamom, Karottensamen, Koriander, Kreuzkümmel, Lavendel, Lemongrass, Lorbeer, Nelkenblättern, Pfeffer, Pfefferminze, Rose, Rosmarin, Thymian, Vanille, Wacholder, Zimt und allen Zitrus-Ölen
Paßt zu: Gemüse, Pilzen, Drinks, Früchten, Getreideprodukten, Reis, Hülsenfrüchten, Fleisch, Fisch, Salaten, Saucen, Milchprodukten und Eierspeisen

Nelkenblätter

Sycygium aromatica
Blätter
Wasserdampfdestillation
Harmoniert mit: Anis, Bay,
Fenchel, Ingwer, Kardamom,
Karottensamen, Koriander,
Kreuzkümmel, Lemongrass,
Lorbeer, Muskatnuß, Pfeffer,
Rose, Vanille, Wacholder
und allen Zitrus-Ölen
Paßt zu: Gemüse, Pilzen,
Gebäck, Getreideprodukten,
Drinks, Früchten, Reis, Hülsen-
früchten, Fleisch, Fisch, Sau-
cen, Eierspeisen und Milch-
produkte

Orange

Citrus aurantium
Fruchtschale
Kaltpressung
Harmoniert mit: allen
ätherischen Ölen
Paßt zu: Gemüse, Salaten,
Pilzen, Getreideprodukten,
Früchten, Hülsenfrüchten,
Reis, Fleisch, Fisch, Saucen,
Gebäck, Drinks, Eierspeisen
und Milchprodukten

Oregano

Oreganum vulgare
Kraut
Wasserdampfdestillation
Harmoniert mit: Basilikum,
Bay, Bergbohnenkraut, Laven-
del, Lorbeer, Pfeffer, Rosma-
rin, Salbei, Thymian, Wachol-
der und allen Zitrus-Ölen
Paßt zu: Gemüse, Pilzen,
Salaten, Hülsenfrüchten,
Getreideprodukten, Reis,
Gebäck, Fleisch, Fisch, Sau-
cen, Eierspeisen und Milch-
produkte

Pfefferminze

Mentha piperita
Kraut
Wasserdampfdestillation
Harmoniert mit: Bay, Ingwer,
Koriander, Kardamom, Laven-
del, Lemongrass, Muskatnuß,
Nelke, Pfeffer, Rose, Vanille,
Zimt und allen Zitrus-Ölen
Paßt zu: Salaten, Gemüse,
Früchten, Getreideprodukten,
Reis, Hülsenfrüchten, Fleisch,
Fisch, Saucen, Gebäck,
Drinks, Eierspeisen und Milch-
produkte

Pfeffer schwarz und grün

Piper nigrum
Früchte
Wasserdampfdestillation
Harmoniert mit:
allen ätherischen Ölen
Paßt zu: allen salzigen und
süßen Speisen, da es nicht
das brennend scharf schmek-
kende Piperin der Pfefferkör-
ner enthält.

Rose

Rosa damascena
Rosa centifolia
Blüten
Wasserdampfdestillation
Harmoniert mit: Bay, Ingwer,
Kardamom, Karottensamen,
Koriander, Lavendel, Pfeffer,
Pfefferminze, Muskatnuß,
Nelke, Vanille, Zimt und allen
Zitrus-Ölen
Paßt zu: Gemüse, Drinks,
Früchten, Saucen, Eierspeisen
und Milchprodukten

Rosmarin
Rosmarinus officinalis
Kraut
Wasserdampfdestillation
Harmoniert mit: Basilikum, Bay, Bergbohnenkraut, Fenchel, Karottensamen, Lavendel, Lorbeer, Muskatnuß, Oregano, Pfeffer, Salbei, Thymian, Wacholder und allen Zitrus-Ölen
Paßt zu: Gemüse, Salaten, Saucen, Hülsenfrüchten, Getreideprodukten, Gebäck, Fisch, Fleisch und Eierspeisen

Salbei
Salbei officinalis
Kraut
Wasserdampfdestillation
Harmoniert mit: Bay, Basilikum, Grapefruit, Lavendel, Oregano, Pfeffer, Rosmarin, Thymian und Zitrone
Paßt zu: Gemüse, Salaten, Saucen, Hülsenfrüchten, Getreideprodukten, Gebäck, Fisch, Fleisch, Eierspeisen und Milchprodukten

Thymian rot
Thymus vulgaris
Kraut
Wasserdampfdestillation
Harmoniert mit: Basilikum, Bay, Bergbohnenkraut, Fenchel, Ingwer, Karottensamen, Kreuzkümmel, Lavendel, Lemongrass, Lorbeer, Muskatnuß, Oregano, Pfeffer, Rosmarin, Salbei, Wacholder und allen Zitrus-Ölen
Paßt zu: Gemüse, Salaten, Fisch, Fleisch, Saucen, Hülsenfrüchten, Getreideprodukten, Gebäck, Eierspeisen und Milchprodukten

Vanille
Vanilla planifolia
Schoten
Extraktion mit Alkohol
Harmoniert mit: Anis, Bay, Ingwer, Kardamom, Koriander, Lavendel, Lemongrass, Pfefferminze, Pfeffer, Muskatnuß, Nelke, Rose, Zimt und allen Zitrus-Ölen
Paßt zu: Früchten, Saucen, Reis, Getreideprodukten, Drinks, Eierspeisen und Milchprodukten

Wacholder
Juniperus communis
Früchte/Zweige
Wasserdampfdestillation
Harmoniert mit: Bay, Ingwer, Karottensamen, Koriander, Kreuzkümmel, Lorbeer, Muskatnuß, Nelke, Oregano, Pfeffer, Rosmarin, Thymian und allen Zitrusölen.
Paßt zu: Gemüse, Saucen, Fisch, Fleisch, Drinks, Getreideprodukten, Hülsenfrüchten, Eierspeisen, Milchprodukten

Zimtrinde
Cinnamomum verum
Rinde
Wasserdampfdestillation
Harmoniert mit: allen Gewürzen, Ingwer, Kreuzkümmel, Lavendel, Lemongrass, Muskatnuß, Pfeffer, Pfefferminze, Rose, Vanille und allen Zitrus-Ölen.
Paßt zu: Gemüse, Früchten, Hülsenfrüchten, Reis, Getreideprodukten, Gebäck, Drinks, Eierspeisen, Milchprodukten

Zitrone
Citrus limonum
Fruchtschale
Kaltpressung
Harmoniert mit: allen ätherischen Ölen
Paßt zu: allen salzigen und süßen Speisen und Drinks

Rosmarin-plätzchen

Die würzigen Pfefferküchlein aus Limoux haben mich zu dieser Variante inspiriert. Sie sind leicht herzustellen und schmecken zum Aperitif besonders gut.

Zutaten für etwa 50 Stück:

400 g Dinkelmehl (Reformhaus, Naturkostladen)

6 Tr. Rosmarin-Öl

150 ml Olivenöl, kaltgepreßt

1 Teel. Salz · 2 Eier

Für das Backblech: Fett

Zum Ausstechen: Mehl

Für Gäste

Bei 50 Stück pro Stück etwa:
240 kJ/57 kcal
1 g Eiweiß · 4 g Fett
5 g Kohlenhydrate

- Zubereitungszeit: etwa 1 Stunde
- Ruhezeit für den Teig: 4 Stunden

1. Das Mehl, das Rosmarin-Öl, das Olivenöl, das Salz und 1 Ei in der Küchenmaschine verkneten. 150 ml Wasser dazugießen und alles etwa 5 Minuten durchkneten, bis ein glatter und weicher Teig entstanden ist.

2. Den Teig zugedeckt im Kühlschrank etwa 4 Stunden ruhen lassen.

3. Ein Backblech einfetten. Den Backofen auf 200° vor-heizen. Den Teig auf einer bemehlten Arbeitsfläche etwa 1/2 cm dick ausrollen und mit kleinen Ausstechförmchen Plätzchen ausstechen. Die Plätzchen auf das Backblech legen.

4. Das übrige Ei verquirlen. Die Plätzchen damit bestreichen und im Backofen (Mitte, Umluft 180°) in etwa 20 Minuten hellbraun backen. Dann herausnehmen und auskühlen lassen.

Variante:

Versuchen Sie die Plätzchen doch auch einmal mit Pfeffer-schwarz-Öl. Den Teig zusätzlich mit 1/2 Teelöffel frisch gemahlenen schwarzem Pfeffer würzen.

Antipasti mit Zucchini

Zutaten für 4 Personen:

500 g kleine Zucchini

3–4 Tomaten (etwa 300 g)

2 Eßl. Butter

2 Eßl. Olivenöl, kaltgepreßt

Salz

1 Knoblauchzehe

2 Tr. Oregano-Öl

1 Eßl. Pfeffer-Würzöl

1 Teel. Aceto balsamico (Balsam-essig; ersatzweise Rotweinessig)

Gelingt leicht

Pro Portion etwa:
530 kJ/130 kcal
3 g Eiweiß · 11 g Fett
5 g Kohlenhydrate

- Zubereitungszeit: etwa 30 Minuten

1. Die Zucchini waschen, abtrocknen und Stiel- und Blütenansätze abschneiden. Die Zucchini der Länge nach vierteln und in etwa 5 cm lange Stücke schneiden. Die Tomaten mit kochendem Wasser überbrühen, häuten und kleinschneiden, dabei die Stielansätze und die Kerne entfernen.

2. In einer Pfanne die Butter und 1 Eßlöffel Olivenöl erhitzen. Die Zucchinistückchen darin leicht anbräunen. Die Tomaten dazugeben, salzen. Die Knoblauchzehe schälen und dazupressen.

3. Die Zucchini bei schwacher Hitze in etwa 10 Minuten bißfest garen. Dann in eine flache Form geben und auskühlen lassen.

4. Das restliche Olivenöl mit dem Oregano-Öl und dem Pfeffer-Öl mischen. Öl und Essig über die Zucchinistücke träufeln. Alles vorsichtig mischen, nach Belieben noch mit Salz abschmecken. Dazu passen frisches Weißbrot und ein kühler, kräftiger Rosé.

Im Bild vorne:
Antipasti mit Zucchini
Im Bild hinten: Rosmarinplätzchen

Artischocken mit Sauce Hollandaise

Artischocken und ätherische Öle bringen die Verdauungssäfte zum Fließen. Deshalb ist dies eine ideale Vorspeise und zugleich schön fürs Auge. Wenn Ihnen die Sauce Hollandaise zu üppig ist, servieren Sie die Artischocken mit einer aromatischen Kräuter-Vinaigrette (Seite 20). Übrigens: Diese Sauce Hollandaise gelingt Ihnen garantiert, denn die umständliche Zubereitung im Wasserbad entfällt.

Zutaten für 4 Personen:

4 große Artischocken

2 unbehandelte Zitronen

Salz

3 Eigelb

2 Eßl. trockener Weißwein

1 Teel. Zitronensaft

250 g Butter

4 Tr. Pfeffer-Öl

2 Tr. Estragon-Öl

4 Tr. Orangen-Öl

Raffiniert

Pro Portion etwa:
2300 kJ/550 kcal
5 g Eiweiß · 57 g Fett
6 g Kohlenhydrate

• Zubereitungszeit: etwa 50 Minuten

1. Die Artischocken unter fließendem kaltem Wasser gründlich waschen. Den Blütenkopf fest anfassen und über der Tischkante den Stiel herausbrechen. Dabei lösen sich die harten Fasern aus dem Blütenboden.

2. Die unteren harten Blätter mit einem scharfen Messer abschneiden. Von den anderen Blättern mit einer Küchenschere die harten Blattspitzen abschneiden. Die Zitronen waschen und in Scheiben schneiden. Damit die Artischocken nicht braun werden, oben und unten je 1 Zitronenscheibe festbinden.

3. Reichlich Salzwasser zum Kochen bringen. Die Artischocken darin zugedeckt bei schwacher Hitze 35–45 Minuten garen. Ein Artichockenblatt herauszupfen: Löst es sich leicht, sind die Artischocken gar. Die Artischocken herausnehmen und gut abtropfen lassen. Die Zitronenscheiben entfernen.

4. Die Artischocken auf Suppenteller setzen. Die Blätter etwas auseinanderspreizen. Die feinen inneren Blätter vorsichtig mit einem Löffel lösen. Dann herausheben, so daß sie wie eine Blüte zusammen bleiben, und zur Seite legen.

5. Dann mit einem Löffel das Stroh entfernen. Die Artischocken warm stellen.

Tips!

Die besten Artischocken kommen aus der Bretagne. Sie sind bei uns ab September erhältlich. Achten Sie beim Einkauf darauf, daß die Blätter frisch und grün aussehen und die Köpfe schwer sind.
Wollen Sie die Artischocken aufbewahren: Stiele frisch anschneiden und jede Artischocke für sich in ein Glas mit frischem Wasser stellen.
Im Schnellkochtopf mit wenig Wasser in etwa 12 Minuten gegart, schmecken sie besonders aromatisch.

6. Für die Sauce Hollandaise die Eigelbe mit dem Weißwein und 1 Teelöffel Zitronensaft in eine hohe Rührschüssel geben und mit dem Pürierstab aufschlagen.

7. Die Butter erhitzen und kurz aufschäumen lassen. Dann langsam unter Rühren in die Eier-Masse gießen. So lange rühren, bis die Masse dick-schaumig ist.

8. Die Hollandaise mit den ätherischen Ölen und Salz abschmecken. Die Sauce sofort in die Artischocken füllen und die beiseite gelegten Blütenblätter umgekehrt darauf setzen.

Leberpastete à la maison

Diese Pastete ist eine Bereicherung für jedes kalte Buffet. Und sie ist schnell zubereitet.

Zutaten für eine Form von 1/2 l
Inhalt (für 8 Personen):
200 g feine Kalbsleberwurst mit
Trüffeln
200 g Doppelrahm-Frischkäse
1 Eßl. Cognac nach Belieben
2 – 3 Eßl. Sahne
1 Tr. Thymian-Öl
1 Tr. Rosmarin-Öl
1 Tr. Lavendel-fein-Öl
3 Tr. Pfeffer-grün-Öl
Zum Garnieren: frischer Rosmarin

Schnell

Pro Portion etwa:
630 kJ/150 kcal
6 g Eiweiß · 13 g Fett
1 g Kohlenhydrate

- Zubereitungszeit: etwa
  15 Minuten

1. Alle Zutaten in eine hohe, schmale Rührschüssel geben und mit dem Pürierstab cremig pürieren. Die Pastete soll eine feine, weiche Konsistenz haben, deshalb können Sie bei Bedarf noch etwas Sahne dazugeben.

2. Die Masse in eine kleine Pastetenform von etwa 1/2 l Inhalt füllen und bis zur Verwendung zugedeckt in den Kühlschrank stellen. Mit frischem Rosmarin garnieren und servieren.

Lachsmousse mit Zitronen-Öl

Diese zarte Mousse eignet sich besonders als Auftakt für ein festliches Menü.

Zutaten für eine Kastenform
von 29 cm Länge (für 4 Personen):
200 g Räucherlachs
1 Teel. trockener Sherry nach
Belieben
1 Tr. Dill-Öl · 2 Tr. Pfeffer-grün-Öl
2 Tr. Zitronen-Öl
Salz · 4 Blatt weiße Gelatine
200 g Sahne
Zum Garnieren: einige Zweige
frischer Dill

Exklusiv

Pro Portion etwa:
1100 kJ/260 kcal
14 g Eiweiß · 21 g Fett
2 g Kohlenhydrate

- Zubereitungszeit: etwa
  30 Minuten
- Kühlzeit: mindestens
  6 Stunden

1. Den Lachs in etwa 1 cm kleine Stücke schneiden und in eine hohe Rührschüssel geben. Den Sherry und die ätherischen Öle dazugießen. Alles mit einem Pürierstab fein pürieren.

2. Das Lachspüree in eine Schüssel geben und mit Salz abschmecken. Die Gelatine nach Packungsvorschrift in kaltem Wasser einweichen.

3. Die Sahne steif schlagen und mit einem Schneebesen unter das Lachspüree heben.

4. Die Gelatineblätter tropfnaß in einen kleinen Topf geben und bei schwacher Hitze auflösen. Vom Herd ziehen und lauwarm abkühlen lassen. Dann vorsichtig unter die Lachs-Sahne heben.

5. Eine Form mit Alufolie auskleiden. Die Lachsmousse in die Form füllen und glattstreichen. Die Mousse zugedeckt mindestens 6 Stunden kühl stellen.

6. Die Mousse zum Servieren auf eine Platte stürzen. Die Alufolie entfernen. Die Lachsmousse in etwa 2 cm dicke Scheiben schneiden. Je 2 Scheiben auf Tellern hübsch anrichten. Nach Belieben mit frischem Dill garnieren. Dazu passen Baguette und ein trockener Weißwein.

Tip!

Mit 1 Tropfen Estragon-Öl können Sie der Lachsmousse eine andere Geschmacksnote verleihen.

Im Bild vorne:
Lachsmousse mit Zitronen-Öl
Im Bild hinten:
Leberpastete à la maison

Spinatsalat

Zutaten für 4 Personen:
4 Handvoll junger Spinat
(etwa 200 g)
150 g Egerlinge
1 Eßl. Rotweinessig
Pfeffer, frisch gemahlen
Salz
1 Eßl. Olivenöl, kaltgepreßt
1 Teel. Erdnußöl
1 Teel. italienische Würzöl-
Mischung

Raffiniert

Pro Portion etwa:
210 kJ/50 kcal
2 g Eiweiß · 4 g Fett
1 g Kohlenhydrate

• Zubereitungszeit: etwa
30 Minuten

1. Den Spinat gründlich waschen, verlesen und abtropfen lassen. Dann die Stiele abknipsen. Die Egerlinge mit einem feuchten Tuch abreiben oder, falls nötig, waschen und abtrocknen. Die Stielenden abschneiden und die Pilze in feine Scheiben schneiden.

2. Den Spinat und die Pilze auf vier Tellern dekorativ anrichten. In einem Schälchen den Essig mit Pfeffer, Salz, dem Oliven- und dem Erdnußöl mischen. Die italienische Würzöl-Mischung darunterrühren. Die Vinaigrette gleichmäßig über den Salat träufeln. Dazu paßt frisches Baguette.

Salat mit Käsecroûtons

Zutaten für 4 Personen:
1 Kopf Blattsalat (beispielsweise
Endivien, Frisée, Romanasalat)
1/2 Teel. Dijon-Senf
1/2 Eßl. Rotweinessig
1/2 Teel. Zucker
Salz · Pfeffer, frisch gemahlen
1 Eßl. Sesamöl (ersatzweise
Olivenöl, kaltgepreßt)
1 Eßl. Erdnußöl
1 Teel. italienische Würzöl-
Mischung
8 Scheiben Baguette (je etwa 2 cm
dick)
1 kleine Knoblauchzehe
200 g verschiedene Käsereste
50 ml trockener Weißwein (ersatzweise Fleischbrühe)
1 Tr. Muskatnuß-Öl
1 Teel. provenzalische Würzöl-
Mischung
30 g Pinienkerne

Preiswert

Pro Portion etwa:
1500 kJ/360 kcal
8 g Eiweiß · 25 g Fett
14 g Kohlenhydrate

• Zubereitungszeit: etwa
30 Minuten

1. Den Salat gründlich waschen und gut abtropfen lassen oder mit einer Salatschleuder trockenschleudern. Die Blätter in Stücke zerpflücken.

2. In einer hohen Schüssel den Senf, den Essig, den Zucker, Salz, Pfeffer, das Sesamöl, das Erdnußöl und die italienische Würzöl-Mischung gut verrühren.

3. Die Weißbrotscheiben in einer Pfanne ohne Fett auf einer Seite anrösten. Das Brot herausnehmen und beiseite stellen. Den Backofen auf 200° vorheizen.

4. Die Knoblauchzehe schälen. Die Käsereste, den Knoblauch, den Weißwein, das Muskatnuß-Öl und die provenzalische Würzöl-Mischung in eine Schüssel geben und pürieren. Die Käsecreme nach Geschmack mit Salz und Pfeffer würzen und auf die ungeröstete Seite der Baguettescheiben streichen.

5. Die Pinienkerne in einer Pfanne ohne Fett hellbraun rösten. Den Salat mit der Vinaigrette mischen und auf vier Teller geben. Mit den Pinienkernen bestreuen.

6. Die Baguettescheiben im Backofen (oben, Umluft 180°) oder unter dem Grill in etwa 15 Minuten goldbraun überbacken. Je 2 Scheiben auf einen Teller setzen.

Im Bild vorne: Spinatsalat
Im Bild hinten:
Salat mit Käsecroûtons

Ziegenkäse mit Tomaten

Tomaten mit Mozzarella und Basilikum finden Sie auf der Speisekarte jedes italienischen Restaurants. Im Urlaub in Südfrankreich bekam ich weder Mozzarella noch frisches Basilikum. Deshalb kreierte ich diese Variante des italienischen Klassikers. Meine Familie war begeistert.

Zutaten für 4 Personen:
4 Tomaten
2 Laibchen Ziegenfrischkäse (beispielsweise Crottin)
2 Eßl. Aceto balsamico (Balsamessig; ersatzweise Rotweinessig)
1 Teel. Basilikum-Würzöl
2 Eßl. Olivenöl, kaltgepreßt
Salz · Pfeffer, frisch gemahlen

Schnell

Pro Portion etwa:
870 kJ/210 kcal
1 g Eiweiß · 5 g Fett
4 g Kohlenhydrate

• Zubereitungszeit: etwa 15 Minuten

1. Die Tomaten waschen und in Scheiben schneiden, dabei die Stielansätze entfernen. Den Ziegenkäse in gleich dicke Scheiben schneiden.

2. Tomaten- und Ziegenkäsescheiben abwechselnd auf einem Teller anrichten.

3. Den Essig gleichmäßig über die Tomaten- und die Ziegenkäsescheiben verteilen. Das Basilikum-Würzöl mit dem Olivenöl mischen. Tomaten und Käse damit beträufeln. Mit Salz und Pfeffer würzen.

Variante:
Nehmen Sie statt Basilikum-Würzöl Rosmarin- oder Thymian-Würzöl.

Salat von grünen Linsen

Klein aber fein: die grünen Linsen aus dem Berry – viel zu schade für den Eintopf! Ihr Aroma ist sehr ausgeprägt. Sie bleiben fest und knackig und sind nicht so mehlig wie ihre hellen Verwandten, die Tellerlinsen. Und sie sind ohne Einweichen in etwa 20 Minuten gar.

Zutaten für 4 Personen:
250 g grüne Berry-Linsen
1 mittelgroße Zwiebel
4 Gewürznelken
1 kleine Möhre
1 Knoblauchzehe
Salz · 2 Eßl. Walnußöl
1 Teel. provenzalische Würzöl-Mischung
3 Tr. Pfeffer-grün-Öl
2 Eßl. Himbeeressig
Zum Garnieren: nach Belieben Kürbisblüten

Raffiniert • Preiswert

Pro Portion etwa:
1100 kJ/260 kcal
15 g Eiweiß · 6 g Fett
35 g Kohlenhydrate

• Zubereitungszeit: etwa 30 Minuten

1. Die Linsen in ein Sieb geben und unter fließendem Wasser waschen. Die Zwiebel schälen und mit den Nelken spicken. Die Möhre waschen und schälen. Den Knoblauch schälen.

2. Die Linsen, die Zwiebel, die Möhre und den Knoblauch in einen hohen Topf geben. 3/4 l Wasser angießen. Alles salzen und zum Kochen bringen. Die Linsen bei mittlerer Hitze in etwa 20 Minuten garen.

3. Die Linsen in ein feines Sieb schütten. Zwiebel, Möhre und Knoblauch entfernen. Die Linsen etwas auskühlen lassen, dann in eine Salatschüssel füllen.

4. Das Walnußöl, die Würzöl-Mischung und das Pfeffergrün-Öl mischen. Mit dem Essig verrühren und über die Linsen gießen. Den Salat mit Salz abschmecken und lauwarm servieren. Dazu paßt gebratene Hühnerleber.

Im Bild vorne:
Ziegenkäse mit Tomaten
Im Bild hinten:
Salat von grünen Linsen

Großmutters Festtagssuppe

Zutaten für 4 Personen:
3 Eier
60 g weiche Butter
3 Tr. Pfeffer-grün-Öl
4 Tr. Muskatnuß-Öl
60 g Mehl
Salz
1 1/2 l Fleischbrühe

Läßt sich gut vorbereiten

Pro Portion etwa:
960 kJ/230 kcal
6 g Eiweiß · 17 g Fett
12 g Kohlenhydrate

• Zubereitungszeit: etwa
  1 Stunde

1. Die Eier trennen. Die Eiweiße mit den Schneebesen des Handrührgerätes sehr steif schlagen. Den Backofen auf 175° vorheizen.

2. Die Butter und die ätherischen Öle in eine Schüssel geben. Mit den Schneebesen des Handrührgerätes schaumig rühren. Nach und nach die Eigelbe, das Mehl und Salz unterrühren. Den Eischnee leicht unterheben.

3. Eine Kastenform von 29 cm Länge mit Butter ausstreichen. Den Teig hineinfüllen und glattstreichen, er sollte etwa 2 cm hoch in der Form stehen. Den Biskuit im Backofen (Mitte, Umluft 160°) in etwa 30 Minuten goldgelb backen.

4. Die Form aus dem Backofen nehmen. Den Biskuit erkalten lassen. Inzwischen die Fleischbrühe zum Kochen bringen.

5. Den Biskuit aus der Form nehmen und in etwa 1 1/2 cm große Würfel schneiden. Die Würfel in eine vorgewärmte Suppenterrine geben und mit der kochend heißen Fleischbrühe übergießen.

Grünkern-suppe mit Champignons

Grünkern ist unreif geernteter Dinkel. Für diese Suppe brauchen Sie Grünkernmehl, das Sie im Naturkostladen oder im Reformhaus bekommen.

Zutaten für 4 Personen:
200 g Champignons
600 ml Fleischbrühe
50 g Butter
60 g Grünkernmehl
250 g Sahne
Salz
1 Teel. Wild-Würzöl-Mischung
Zum Garnieren: Petersilie oder
Schnittlauch

Gelingt leicht

Pro Portion etwa:
1500 kJ/360 kcal
5 g Eiweiß · 31 g Fett
14 g Kohlenhydrate

• Zubereitungszeit: etwa
  35 Minuten

1. Die Champignons mit einem feuchten Tuch abreiben, nur falls nötig waschen, und die Stielenden abschneiden. Die Champignons in feine Scheiben schneiden und zugedeckt beiseite stellen.

2. Die Fleischbrühe zum Kochen bringen. Die Butter in einem hohen Topf erhitzen. Das Grünkernmehl darin unter ständigem Rühren hellbraun anrösten. Die Fleischbrühe langsam angießen, dabei mit dem Schneebesen rühren, damit sich keine Klümpchen bilden. Alles zugedeckt etwa 10 Minuten bei schwacher Hitze köcheln lassen.

3. Die Champignons mit der Hälfte der Sahne dazugeben. Die Suppe salzen und weitere 5 Minuten bei schwacher Hitze köcheln lassen. Die Petersilie oder den Schnittlauch waschen und fein hacken oder in Röllchen schneiden.

4. Die restliche Sahne steif schlagen, die Wild-Würzöl-Mischung unterrühren. Die Sahne kurz vor dem Servieren in die Suppe rühren. Die Suppe in vorgewärmten Tellern servieren und mit Petersilienblättchen oder Schnittlauchröllchen garnieren.

Im Bild vorne:
Großmutters Festtagssuppe
Im Bild hinten:
Grünkernsuppe mit Champignons

Grüne Spargel-cremesuppe

Zutaten für 4 Personen:

2 kleine Lauchstangen (etwa 300 g)
3 kleine Kartoffeln (etwa 250 g)
400 g grüner Spargel
2 Eßl. Butter · 1/2 l Milch
Salz · 3 Eßl. Crème fraîche
2 Tr. Pfeffer-grün-Öl
1 Tr. Ingwer-Öl
3 Tr. Lemongrass-Öl

Für Gäste

Pro Portion etwa:
720 kJ/170 kcal
5 g Eiweiß · 11 g Fett
14 g Kohlenhydrate

- Zubereitungszeit: etwa
  40 Minuten

1. Vom Lauch die dunkelgrünen Blatteile entfernen. Die Stangen längs aufschlitzen und gründlich abbrausen. Dann in dünne Ringe schneiden. Die Kartoffeln schälen, waschen und in dünne Scheiben schneiden. Den Spargel waschen, im unteren Drittel schälen und die Enden abschneiden. Den Spargel in Stücke schneiden. Die Spitzen beiseite legen.

2. Die Butter erhitzen, den Lauch darin andünsten. Die Kartoffeln und den Spargel dazugeben. Alles unter Rühren bei schwacher Hitze etwa 5 Minuten dünsten. Die Milch angießen und alles noch etwa 15 Minuten köcheln lassen, dann pürieren.

3. Inzwischen Salzwasser zum Kochen bringen. Die Spargelspitzen darin in etwa 5 Minuten bißfest garen. Dann abgießen, mit kaltem Wasser abschrecken und abtropfen lassen.

4. Die Crème fraîche und die ätherischen Öle in einer Tasse mischen und unter die Suppe rühren. Die Hälfte der Spargelspitzen in die Suppe geben. Die restlichen Spargelspitzen als Garnitur auf vorgewärmte Teller verteilen.

Möhren-Rosen-Suppe

Zutaten für 4 Personen:

300 g Möhren · 75 g Butter
1 l Gemüsebrühe · 125 g Sahne
3 Tr. Pfeffer-schwarz-Öl
150 g saure Sahne
1 Tr. Karottensamen-Öl
3 Tr. Rosen-Öl
Salz

Raffiniert

Pro Portion etwa:
1300 kJ/310 kcal
3 g Eiweiß · 29 g Fett
7 g Kohlenhydrate

- Zubereitungszeit: etwa
  30 Minuten

1. Die Möhren waschen, schälen und in feine Scheiben schneiden. 1 Eßlöffel Butter in einem Topf erhitzen. Die Möhren darin bei schwacher Hitze andünsten.

2. Die Gemüsebrühe angießen. Alles zugedeckt etwa 25 Minuten bei schwacher Hitze köcheln lassen, bis die Möhren weich sind.

3. Die Sahne mit 1 Tropfen Pfeffer-schwarz-Öl steif schlagen und zugedeckt in den Kühlschrank stellen.

4. Die Suppe mit dem Pürierstab fein pürieren, nochmals aufkochen lassen, vom Herd nehmen und die saure Sahne einrühren.

5. Die restliche Butter schmelzen lassen. Mit dem Karottensamen-Öl, dem Rosen-Öl und dem restlichen Pfeffer-schwarz-Öl würzen und in die Suppe rühren. Die Suppe salzen und auf vorgewärmte Teller verteilen. Auf jede Portion einen Eßlöffel von der steif geschlagenen Sahne geben.

Im Bild vorne:
Möhren-Rosen-Suppe
Im Bild hinten:
Grüne Spargelcremesuppe

Erbsensuppe mit Minze

Zutaten für 4 Personen:
1 große Zwiebel
2 Knoblauchzehen
1 Eßl. Erdnußöl
300 g Erbsen (tiefgekühlt)
1/2 l Gemüsebrühe
Salz · 2 Tr. Pfeffer-grün-Öl
1 Tr. Muskatnuß-Öl
2 Tr. Pfefferminz-Öl
100 g Crème fraîche
Zum Garnieren: einige Minze-
oder Petersilienblättchen

Schnell

Pro Portion etwa:
790 kJ/190 kcal
6 g Eiweiß · 12 g Fett
13 g Kohlenhydrate

● Zubereitungszeit: etwa
20 Minuten

1. Die Zwiebel schälen und fein hacken. Den Knoblauch schälen und durchpressen. Das Erdnußöl erhitzen. Die Zwiebel und den Knoblauch darin bei schwacher Hitze glasig dünsten.

2. Die Erbsen dazugeben. Unter ständigem Rühren etwa 2 Minuten dünsten. Die Gemüsebrühe angießen. Alles zugedeckt noch etwa 10 Minuten kochen lassen.

3. Die Suppe mit dem Pürierstab pürieren. Dann durch ein feines Sieb streichen und kurz aufkochen lassen. Mit Salz würzen.

4. Die ätherischen Öle mit der Crème fraîche gut verrühren. Kurz vor dem Servieren mit dem Schneebesen unter die Suppe ziehen. Mit frischen Minze- oder Petersilienblättchen garnieren.

Tomaten-Orangen-Suppe

Zutaten für 4 Personen:
1 Zwiebel
1 kleine Knoblauchzehe
1 kg Tomaten
2 Eßl. Olivenöl
3 Eßl. Butter
2 Scheiben Toastbrot
1/8 l Orangensaft
1 Teel. Honig
2 Tr. Mandarinen-Öl
2 Tr. Ingwer-Öl
1 Tr. Pfeffer-schwarz-Öl
Salz

Gelingt leicht

Pro Portion etwa:
920 kJ/220 kcal
4 g Eiweiß · 14 g Fett
20 g Kohlenhydrate

● Zubereitungszeit: etwa
30 Minuten

1. Die Zwiebel schälen und fein hacken. Die Knoblauchzehe schälen. Die Tomaten waschen und vierteln, dabei die Stielansätze entfernen.

2. Das Olivenöl und die Hälfte der Butter erhitzen. Die

Zwiebel hineingeben, die Knoblauchzehe durch die Presse dazudrücken. Beides bei schwacher Hitze glasig dünsten. Die Tomaten dazugeben. Alles zugedeckt etwa 15 Minuten bei schwacher Hitze köcheln lassen, bis die Tomaten weich sind.

3. Inzwischen das Toastbrot in Würfel schneiden. Die restliche Butter in einer Pfanne erhitzen. Die Brotwürfel darin goldbraun rösten und beiseite stellen.

4. Die Suppe mit dem Pürierstab pürieren. Dann durch ein feines Sieb streichen. Den Orangensaft angießen. Alles einmal aufkochen lassen, dann warm halten.

5. Den Honig und die ätherischen Öle mischen und mit dem Schneebesen in die Suppe rühren. Die Suppe mit Salz abschmecken. Auf vorgewärmte Teller verteilen und mit den Brotwürfeln garnieren.

Im Bild vorne:
Erbsensuppe mit Minze
Im Bild hinten:
Tomaten-Orangen-Suppe

Sommersuppe

Zutaten für 4 Personen:

700 g Tomaten

1/2 Stange Staudensellerie

50 g Schalotten · 1 Knoblauchzehe

1 Eßl. Olivenöl · 50 g Butter

150 ml trockener Weißwein (ersatzweise Gemüsebrühe)

Salz · 150 g Crème fraîche

1/2 Teel. Lorbeer-Würzöl

1 Tr. Bay-Öl · 2 Tr. Orangen-Öl

1 Tr. Estragon-Öl · 1 Teel. Zucker

Zum Garnieren: nach Belieben einige Estragonblätter

Gelingt leicht

Pro Portion etwa:
1700 kJ/400 kcal
3 g Eiweiß · 38 g Fett
10 g Kohlenhydrate

• Zubereitungszeit: etwa
  40 Minuten

1. Die Tomaten waschen und vierteln, die Stielansätze entfernen. Den Sellerie waschen, putzen und in feine Streifen schneiden. Die Schalotten schälen und fein hacken. Die Knoblauchzehe schälen.

2. Das Olivenöl und die Hälfte der Butter erhitzen. Die Schalotten und den Sellerie darin etwa 5 Minuten unter Rühren dünsten. Die Tomaten dazugeben, den Knoblauch dazupressen. Alles noch etwa 10 Minuten bei schwacher Hitze dünsten.

3. Den Weißwein angießen. Die Suppe weitere 5 Minuten

zugedeckt köcheln lassen. Dann mit dem Pürierstab pürieren. Durch ein feines Sieb streichen, salzen. Die Suppe noch einmal aufkochen lassen, dann warm halten. Die Crème fraîche unterrühren.

4. Die restliche Butter schmelzen lassen und mit dem Würzöl und den ätherischen Ölen mischen. Mit dem Zucker in die Suppe rühren. Die Suppe mit einem Schneebesen aufschlagen und mit Estragonblättchen garnieren.

Kürbissuppe

Zutaten für 6 – 8 Personen:

1 Muskatkürbis (3 – 4 kg)

400 g Weißbrot

100 g Gruyère (Greyerzer)

350 g Sahne

Salz · Pfeffer, frisch gemahlen

1/2 l trockener Weißwein (ersatzweise Fleischbrühe)

1 Tr. Nelkenblätter-Öl

1 Tr. Muskatnuß-Öl

2 Tr. Ingwer-Öl · 2 Tr. Orangen-Öl

4 Tr. Pfeffer-grün-Öl

Raffiniert · Dekorativ

Pro Portion etwa:
1900 kJ/450 kcal
12 g Eiweiß · 19 g Fett
46 g Kohlenhydrate

• Zubereitungszeit: etwa
  2 1/2 Stunden

1. Von dem Kürbis am Stielansatz einen Deckel abschneiden und beiseite legen.

Mit einem Löffel die Kerne und das faserige Fruchtfleisch aus dem Kürbis herauslösen.

2. Das Weißbrot würfeln und in einer Pfanne ohne Fett goldbraun rösten. Etwa ein Drittel zum Garnieren beiseite stellen. Den Käse fein reiben. Den Kürbis in Lagen abwechselnd mit den Brotwürfeln und dem Käse füllen. Den Backofen auf 180° vorheizen.

3. Von der Sahne 2 Eßlöffel abnehmen und in den Kühlschrank stellen. Die restliche Sahne mit Salz und Pfeffer pikant würzen und mit dem Wein über die Füllung gießen. Den Deckel fest aufsetzen.

4. Den Kürbis in eine flache feuerfeste Form setzen. Im Backofen (unten, Umluft 160°) etwa 2 Stunden garen. Läßt sich der Kürbis seitlich etwas eindrücken, ist er gar.

5. Den Kürbis in der Form herausnehmen. Den Deckel vorsichtig abheben. Die restliche Sahne mit den ätherischen Ölen mischen und in den Kürbis gießen. Mit einem Löffel das Kürbisfleisch lösen und so lange rühren, bis die Suppe geschmeidig ist.

6. Die Suppe im Kürbis servieren. In vorgewärmte Teller geben und die restlichen Brotwürfel darauf verteilen.

Im Bild vorne: Kürbissuppe
Im Bild hinten: Sommersuppe

Fischspieße mit Pfefferminze

Dieses Fischgericht bekommt durch das Zusammenspiel von Minze und Zitrone einen aufregend frischen, aromatischen Charakter.

Zutaten für 4 Personen:
800 g Fischfilet (Seeteufel, Schellfisch oder Kabeljau)
1 Bund frische Minze
2 Zitronen
6 Tr. Pfefferminz-Öl
8 Tr. Zitronen-Öl
6 Tr. Pfeffer-grün-Öl
Salz
2 rote Paprikaschoten
16 mittelgroße Egerlinge
6 Eßl. Olivenöl, kaltgepreßt
8 Metallspieße (etwa 20 cm lang)

Raffiniert

Pro Portion etwa:
1200 kJ/290 kcal
36 g Eiweiß · 13 g Fett
6 g Kohlenhydrate

- Zubereitungszeit: etwa 1 1/2 Stunden

1. Die Fischfilets waschen, trockentupfen und in 24 etwa gleich große Stücke schneiden. Die Minze waschen. Einige Blättchen zum Garnieren beiseite legen, die restlichen fein schneiden. Die Zitronen auspressen.

2. Den Zitronensaft, die kleingeschnittene Minze, die ätherischen Öle und Salz in einer Schüssel mischen. Den Fisch in die Marinade legen, er sollte gut davon bedeckt sein. Zugedeckt mindestens 1 Stunde im Kühlschrank ziehen lassen.

3. Inzwischen Wasser zum Kochen bringen. Die Paprika waschen und vierteln, dabei die Kerngehäuse entfernen. Die Viertel mit einem Kartoffelschäler schälen, dann quer halbieren. Die Paprikastücke etwa 2 Minuten in kochendem Wasser blanchieren. Herausnehmen, kalt abschrecken und abtropfen lassen. Die Egerlinge mit einem feuchten Tuch abreiben und die Stielenden abschneiden.

4. Die Fischfilets aus dem Kühlschrank nehmen. 1 Pilz auf jeden Spieß stecken, dann abwechselnd 3 Fisch- und 2 Paprikastücke, zuletzt wieder 1 Pilz.

5. Die Spieße mit der restlichen Marinade bestreichen. Das Olivenöl erhitzen. Die Fischspieße darin etwa 10 Minuten braten.

6. Die Spieße auf vorgewärmte Teller legen und mit den beiseite gelegten Minzeblättchen garnieren. Dazu paßt Baguette oder Reis.

Duftreis mit Bay-Öl

Zutaten für 4 Personen:
150 g Langkornreis
25 g Butter
Salz
1 Tr. Bay-Öl
1 Tr. Ingwer-Öl

Gelingt leicht

Pro Portion etwa:
740 kJ/180 kcal
3 g Eiweiß · 6 g Fett
28 g Kohlenhydrate

- Zubereitungszeit: etwa 30 Minuten

1. Den Reis in ein feines Sieb geben und unter fließendem kaltem Wasser so lange spülen, bis das Wasser klar ist. Dann abtropfen lassen.

2. In der Zwischenzeit die Butter in einem Topf mit hohem Rand erhitzen. Den abgetropften Reis darin etwa 5 Minuten anrösten. 450 ml Wasser angießen, mit Salz und den ätherischen Ölen würzen.

3. Den Deckel in ein Küchentuch wickeln, das die Feuchtigkeit aufnehmen kann und den Topf damit zudecken. Den Reis etwa 20 Minuten bei schwacher Hitze quellen lassen.

Frisch und aromatisch: Die Fischspieße mit Pfefferminze schmecken nach Sommer und Sonne.

Lachsfilet nach Elsässer Art

Zutaten für 4 Personen:
500 g frisches Sauerkraut
1/4 l trockener Weißwein
(Riesling; ersatzweise Fleischbrühe)
1 Teel. Zucker
8 kleine Kartoffeln (etwa 500 g)
1 Eßl. Butter
1 Eßl. Erdnußöl
4 möglichst gleich große Lachsfilets
(je etwa 100 g)
400 g Crème fraîche
1 Tr. Wacholder-Öl
1 Tr. Nelkenblätter-Öl
1 Tr. Lorbeer-Öl
3 Tr. Pfeffer-schwarz-Öl
Salz

Exklusiv

Pro Portion etwa:
3300 kJ/790 kcal
26 g Eiweiß · 59 g Fett
27 g Kohlenhydrate

• Zubereitungszeit: etwa
  35 Minuten

1. Das Sauerkraut, den Wein und den Zucker in einen Topf mit hohem Rand geben. Das Kraut darin bei mittlerer Hitze etwa 30 Minuten garen.

2. In der Zwischenzeit die Kartoffeln waschen. In wenig Wasser etwa 20 Minuten kochen, dann pellen und warm stellen.

3. Die Butter und das Öl erhitzen. Die Lachsfilets darin in etwa 20 Sekunden pro Seite anbraten. Die Pfanne vom Herd ziehen und den Fisch zugedeckt in der Restwärme ziehen lassen, damit das Lachsfleisch nicht zu trocken wird.

4. In der Zwischenzeit die Crème fraîche in einem Töpfchen erwärmen, nicht kochen lassen. Die ätherischen Öle dazugeben, salzen.

5. Das Sauerkraut salzen, auf vorgewärmte Teller verteilen. Die Kartoffeln halbieren und daneben setzen. Die Lachsfilets auf das Kraut setzen und die aromatisierte Crème fraîche darüber gießen.

Tip!

Einen besonders feinen Geschmack hat frisches biologisches Sauerkraut (Reformhaus oder Naturkostladen).

Kartoffel-töpfchen

Dieses Kartoffelgericht paßt ideal zu Fleisch- oder Fischgerichten. Schmeckt aber auch solo mit einem frischen Salat.

Zutaten für 4 Personen:
500 g mehligkochende Kartoffeln
2 Eßl. Viererlei-Würzöl-Mischung
Salz
Für die Form: Butter

Gelingt leicht

Pro Portion etwa:
470 kJ/110 kcal
2 g Eiweiß · 3 g Fett
19 g Kohlenhydrate

• Zubereitungszeit: etwa
  45 Minuten

1. Die Kartoffeln waschen und schälen, dann in dünne Scheiben hobeln. Eine Auflaufform mit Butter ausstreichen. Den Backofen auf 200° vorheizen.

2. Die Kartoffeln dachziegelartig in die Form schichten. Jede Lage mit der Würzöl-Mischung und Salz würzen.

3. Die Kartoffeln mit Alufolie abdecken. Im Backofen (Mitte, Umluft 180°) etwa 30 Minuten garen, bis die Kartoffeln weich sind.

Im Bild vorne:
Lachsfilet nach Elsässer Art
Im Bild hinten: Kartoffeltöpfchen

Kabeljau im Reisblatt

Wenn Kinder mitessen, ersetzen Sie Wermut und Wein durch 1/2 l Fischfond und 1/4 l Wasser.

Zutaten für 4 Personen:
12 Reisblätter
6 Scheiben Toastbrot
etwa 200 g kalte Butter
800 g Kabeljaufilet
3 Tomaten
3 Handvoll frischer Spinat (etwa 150 g)
Salz · 1 Knoblauchzehe
1 Prise Zucker
2 Tr. Muskatnuß-Öl
2 Schalotten
1/4 l trockener Wermut
1/2 l trockener Weißwein
1/4 l Fischfond (aus dem Glas)
1 Eiweiß · 1 Bund Schnittlauch
1 Messerspitze Cayennepfeffer
1 Eßl. asiatische Würzöl-Mischung
1/2 Zitrone

Für Gäste

Pro Portion etwa:
3000 kJ/725 kcal
40 g Eiweiß · 43 g Fett
22 g Kohlenhydrate

• Zubereitungszeit: etwa 1 1/2 Stunden

1. Die Reisblätter zwischen feuchte Tücher legen und etwa 1 Stunde einweichen.

2. In der Zwischenzeit das Toastbrot entrinden und in knapp 1 cm große Würfel schneiden. 2 Eßlöffel Butter in einer Pfanne erhitzen. Die Brotwürfel darin knusprigbraun rösten, dann beiseite stellen. Das Kabeljaufilet in etwa 2 cm große Stücke schneiden. Die Tomaten mit kochendem Wasser überbrühen, häuten, entkernen und klein würfeln, dabei die Stielansätze entfernen.

3. Die Spinatblätter gründlich waschen und verlesen, die Stiele abknipsen. Reichlich Salzwasser zum Kochen bringen. Die Spinatblätter darin kurz zusammenfallen lassen, durch ein Sieb abgießen und mit kaltem Wasser abschrecken, damit der Spinat schön grün bleibt. Den Spinat gut ausdrücken, dann wieder auflockern. Die Knoblauchzehe schälen und auf eine Gabel stecken.

4. 2 Eßlöffel Butter erhitzen. Den Spinat darin bei schwacher Hitze dünsten, bis er trocken ist. Dabei mit der Gabel umrühren.

5. Den Fisch, die Tomaten, den Spinat und das Muskatnuß-Öl vorsichtig miteinander vermischen, salzen.

6. Für die Sauce die Schalotten schälen und fein hacken. 1 Eßlöffel Butter erhitzen. Die Schalotten darin bei schwacher Hitze hellgelb andünsten. Mit dem Wermut, dem Weißwein und dem Fischfond ablöschen. Die Flüssigkeit bei mittler Hitze auf die Hälfte der Menge einkochen lassen.

7. Inzwischen 100 g Butter in kleine Würfel schneiden und kalt stellen. Den Backofen auf 200° vorheizen. Die gerösteten Brotwürfel unter die Fisch-Gemüse-Mischung geben. Die Masse in 12 Portionen teilen und jeweils eine Portion in die Mitte eines Reisblattes setzen. Die Ränder der Reisblätter mit dem Eiweiß bestreichen. Die Seitenränder über der Füllung zusammenklappen. Die Blätter aufrollen. Die Rollen mit Eiweiß bestreichen.

8. Die restliche Butter erhitzen. Die Rollen darin rundherum in etwa 2 Minuten anbraten. Dann im Backofen (Mitte, Umluft 180°) in etwa 5 Minuten knusprig braten.

9. Die vorbereitete Sauce kurz aufkochen lassen und warm stellen. Den Schnittlauch waschen und in feine Röllchen schneiden. In die Sauce rühren. Mit einem Schneebesen nach und nach die kalte Butter unter die Sauce ziehen. Salzen und mit dem Cayennepfeffer und der Würzöl-Mischung kräftig abschmecken.

10. Auf vorgewärmte flache Teller einen Soßenspiegel setzen, die Kabeljaupäckchen hineinsetzen und sofort servieren. Dazu paßt Duftreis oder Weißbrot.

Saftige Füllung und krosse Hülle: Kabeljau im Reisblatt ist ein besonderer Gaumenschmaus.

Stubenküken mit Morchel-Madeira-Sauce

Zutaten für 4 Personen:
45 g getrocknete Spitzmorcheln
2 Stubenküken (etwa 1000 g)
Salz
Pfeffer, frisch gemahlen
3 Eßl. Erdnußöl
300 ml Madeira (ersatzweise trockener Sherry)
2 Schalotten
2 Eßl. Butter
375 g Sahne
1 Teel. Zucker
2 Tr. Koriander-Öl
3 Tr. Pfeffer-schwarz-Öl
1/8 l trockener Schaumwein

Raffiniert

Pro Portion etwa:
2800 kJ/670 kcal
41 g Eiweiß · 46 g Fett
6 g Kohlenhydrate

- Zubereitungszeit: etwa 1 1/2 Stunden

1. Die Spitzmorcheln gründlich waschen, dann in 1/8 l Wasser einweichen. Die Stubenküken außen und innen waschen und gut abtrocknen. Dann halbieren, salzen und pfeffern.

2. Das Erdnußöl erhitzen und die Geflügelhälften darin von beiden Seiten kräftig anbraten. Den Madeira angießen. Alles zugedeckt bei schwacher Hitze etwa 30 Minuten köcheln lassen.

3. Die Morcheln aus dem Einweichwasser nehmen und gut ausdrücken. Das Einweichwasser durch einen Kaffeefilter gießen und auffangen. Die Schalotten schälen und fein hacken. Die Butter erhitzen und die Schalotten darin glasig dünsten. Das Einweichwasser mit den Morcheln dazugeben. Das Wasser vollständig einkochen lassen.

4. Die Morcheln herausnehmen und warm stellen. Die Sahne in den Topf gießen und aufkochen lassen. Den Zucker unterrühren. Die Geflügelteile ohne den Bratensaft dazugeben. Alles bei schwacher Hitze noch etwa 15 Minuten köcheln lassen.

5. Die Geflügelteile herausnehmen und warm stellen. Den Bratensaft, die ätherischen Öle und den Schaumwein unter die Sauce rühren, mit Salz abschmecken.

6. Ein wenig Sauce über die Geflügelteile gießen, mit den Morcheln garnieren und servieren. Die restliche Sauce getrennt dazu reichen. Dazu passen Möhren mit Anis-Öl und Duftreis mit Bay-Öl.

Möhren mit Anis-Öl

Karottensamen- und Anis-Öl unterstützen den Eigengeschmack der Möhren. Sie passen zu Fisch- und Fleischgerichten.

Zutaten für 4 Personen:
500 g Bundmöhren
5 Tr. Karottensamen-Öl
3 Tr. Anis-Öl · Salz

Gelingt leicht

Pro Portion etwa:
140 kJ/33 kcal
1 g Eiweiß · 0 g Fett
7 g Kohlenhydrate

- Zubereitungszeit: etwa 20 Minuten

1. Die Möhren gründlich waschen und mit einer Bürste schrubben. Das Kraut bis auf 3 cm abschneiden. (Größere Möhren waschen, schälen und in etwa kleinfingergroße Stifte schneiden.)

2. Etwas Wasser mit den ätherischen Ölen und Salz in einem Topf mischen. Die Möhren darin in etwa 15 Minuten bißfest garen. Auf einer vorgewärmten Platte anrichten.

Im Bild links:
Stubenküken mit Morchel-Madeira-Sauce
Im Bild rechts: Möhren mit Anis-Öl

Kaninchen provençal

Zutaten für 4 Personen:
1 kleine Zwiebel
1–2 Zucchini (etwa 200 g)
400 g Tomaten
1 kleines Kaninchen ohne Kopf
(1 1/2 kg; vom Metzger in 8 Stücke
schneiden lassen)
Salz · Pfeffer, frisch gemahlen
3 Eßl. Erdnußöl · 3 Eßl. Olivenöl
je 100 g schwarze und grüne
Oliven, entsteint
2 Teel. Kapern · 1 Knoblauchzehe
1/4 l trockener Weißwein (ersatz-
weise Fleischbrühe)
1 Eßl. provenzalische Würzöl-
Mischung
1 Eßl. Pfeffer-Würzöl
3 Tr. Zitronen-Öl · 3 Tr. Orangen-Öl

Würzig

Pro Portion etwa:
4000 kJ/950 kcal
86 g Eiweiß · 59 g Fett
9 g Kohlenhydrate

• Zubereitungszeit: etwa
  1 1/2 Stunden

1. Die Zwiebel schälen und in Scheiben schneiden. Die Zucchini waschen, von Stiel- und Blütenansätzen befreien und in Scheiben schneiden. Die Tomaten waschen und vierteln, dabei die Stielansätze entfernen. Den Backofen auf 175° vorheizen.

2. Die Kaninchenteile waschen und gut abtrocknen. Mit Salz und Pfeffer einrei-

ben. In einem großen Bräter das Erdnußöl und 1 Eßlöffel Olivenöl erhitzen. Die Kaninchenteile darin von beiden Seiten braun anbraten.

3. Zwiebel, Zucchini und Tomaten zum Fleisch geben. Oliven und Kapern hinzufügen. Die Knoblauchzehe schälen und dazupressen. Alles salzen und mit dem restlichen Olivenöl beträufeln.

4. Das Fleisch im Backofen (unten, Umluft 160°) etwa 45 Minuten garen. Zwischendurch den Wein angießen. Die ätherischen Öle mit den Würzölen mischen und vor dem Servieren vorsichtig unter das Gericht rühren.

Salbei-Mandel-Kuchen

Zutaten für eine Kastenform von
29 cm Länge (für 4 Personen):
5 Eier
250 g gemahlene Mandeln
250 g Paniermehl
3 Tr. Salbei-Öl
Salz · Pfeffer, frisch gemahlen
50 g Butterschmalz
Für die Form: Paniermehl

Raffiniert

Pro Portion etwa:
3300 kJ/790 kcal
28 g Eiweiß · 55 g Fett
48 g Kohlenhydrate

• Zubereitungszeit: etwa
  1 Stunde

1. In einer Rührschüssel die Eier gut verquirlen. Mit den Mandeln, dem Paniermehl und 2 Tropfen Salbei-Öl, Salz und Pfeffer zu einem geschmeidigen Teig verkneten. Den Backofen auf 175° vorheizen.

2. Das Butterschmalz schmelzen lassen und 1 Tropfen Salbei-Öl unterrühren.

3. Eine Kastenform leicht mit dem Schmalz einfetten, mit Paniermehl ausstreuen und den Teig hineinfüllen. Den Kuchen im Backofen (Mitte, Umluft 160°) etwa 45 Minuten backen. Während der Backzeit den Kuchen mehrmals mit dem aromatisierten Butterschmalz bestreichen. Etwa 2 Minuten vor Ende der Backzeit nochmals mit dem Schmalz bestreichen und mit 1 Prise Salz bestreuen.

4. Den Kuchen herausnehmen, vorsichtig aus der Form lösen und auf ein Gitter stürzen. In etwa 2 cm dicke Scheiben schneiden und heiß als Beilage servieren. Dieser Salbeikuchen paßt zu allen Braten mit Sauce.

Im Bild vorne:
Salbei-Mandel-Kuchen
Im Bild hinten:
Kaninchen provençal

Entenbrust mit Mandarinen

Zutaten für 4 Personen:

2 Entenbrüste mit Haut

(etwa 700 g)

Salz

Pfeffer, frisch gemahlen

1 Zitrone

1 kleine Dose Mandarinen (240 g)

3 Tr. Mandarine-grün-Öl

2 Tr. Zitronen-Öl

2 Tr. Pfeffer-grün-Öl

1 Teel. Honig

150 g saure Sahne

Für Gäste

Pro Portion etwa:
1800 kJ/430 kcal
29 g Eiweiß · 30 g Fett
9 g Kohlenhydrate

• Zubereitungszeit: etwa
45 Minuten

1. Die Entenbrüste waschen und gut trocknen. Mit einem scharfen Messer die Haut schachbrettartig einschneiden, salzen und pfeffern.

2. Eine Bratpfanne trocken erhitzen. Die Entenbrüste mit der Hautseite nach unten hineinlegen und bei mittlerer Hitze etwa 15 Minuten braten. Das Fleisch wenden und noch etwa 10 Minuten braten. Herausnehmen und warm stellen.

3. Die Zitrone auspressen. Die Mandarinen in ein Sieb schütten. Den Saft dabei auffangen und mit dem Zitronensaft mischen. Damit den Bratensatz in der Pfanne lösen, kurz aufkochen lassen.

4. Die ätherischen Öle, den Honig und die saure Sahne mischen. Mit einem Schneebesen unter den Bratenfond schlagen. Die Sauce warm stellen.

5. Die Entenbrust in etwa 1 cm dicke Scheiben schneiden und auf einer vorgewärmten Platte anrichten. Den ausgetretenen Fleischsaft unter die Sauce rühren, mit Salz abschmecken. Die Mandarinen über die Entenbrust verteilen. Etwas Sauce angießen, die restliche Sauce getrennt dazu reichen. Dazu passen Reis, Brandteig-Klößchen und Gnocchi.

Rahmklößchen

Zutaten für 4 Personen:

1/4 l Milch

75 g Butter

Salz

125 g Mehl

2 Eier

30 g Parmesan, frisch gerieben

1 Tr. Rosmarin-Öl

1 Tr. Thymian-Öl

Gelingt leicht

Pro Portion etwa:
1500 kJ/360 kcal
10 g Eiweiß · 23 g Fett
28 g Kohlenhydrate

• Zubereitungszeit: etwa
50 Minuten

1. In einem Topf mit hohem Rand die Milch mit der Butter und dem Salz aufkochen lassen. Das Mehl auf einmal hineingeben. Mit einem Kochlöffel kräftig rühren, bis sich der Teig vom Topfboden löst.

2. Den Teig in eine Schüssel geben und abkühlen lassen. Dann die Eier mit den ätherischen Ölen nacheinander in den Teig rühren und diesen gut durchschlagen. Den Backofen auf 180° vorheizen. Eine feuerfeste Form (etwa 24 cm Ø) mit Butter ausstreichen.

3. Einen Suppenlöffel in kaltes Wasser tauchen, dann von dem Teig Klößchen abstechen und nebeneinander in die Form setzen. Die Klößchen mit dem Parmesan bestreuen. Im Backofen (Mitte, Umluft 160°) in etwa 30 Minuten goldbraun backen. Sofort servieren.

Im Bild links:
Entenbrust mit Mandarinen
Im Bild rechts: Rahmklößchen

Lamm mit Roquefort-Creme

Zutaten für 8 Personen:

5 Tr. Pfeffer-grün-Öl

2 Tr. Thymian-Öl

3 Tr. Rosmarin-Öl · 2 Tr. Salbei-Öl

2 Eßl. Olivenöl, kaltgepreßt

1 kleine Lammkeule (etwa 1,5 kg)

Salz · Pfeffer, frisch gemahlen

2 Knoblauchzehen

2 Eßl. Erdnußöl

3 Zwiebeln

150 g Crème fraîche

150 g Roquefort

1/4 l trockener Weißwein (ersatzweise Fleischbrühe)

Braucht etwas Zeit

Pro Portion etwa:
2700 kJ/640 kcal
35 g Eiweiß · 45 g Fett
4 g Kohlenhydrate

- Zubereitungszeit: etwa
  1 1/2 Stunden
- Marinierzeit: mindestens
  4 Stunden

1. Die ätherischen Öle mit dem Olivenöl mischen. Die Lammkeule waschen und trocknen. Mit dem Olivenöl bestreichen, salzen und pfeffern.

2. Den Knoblauch schälen und in Stifte schneiden. Die Lammkeule damit spicken, mit dem Olivenöl bestreichen, in Alufolie wickeln und mindestens 4 Stunden kalt stellen. Das restliche Olivenöl in ein Glas mit Schraubdeckel füllen.

3. Den Backofen auf 220° vorheizen. Den Boden eines Bräters mit dem Erdnußöl bestreichen. Zwiebeln schälen und vierteln. Mit der Lammkeule in den Bräter legen. Im Backofen (unten, Umluft 200°) etwa 30 Minuten braten. Dann die Temperatur auf 200° (Umluft 180°) reduzieren.

4. 1/8 l Wasser angießen, die Keule weitere 30 Minuten braten. Die Crème fraîche und den Roquefortkäse pürieren. Die Keule damit mehrmals bestreichen. Den Bratensatz mit 1/8 l Wasser und dem Wein ablöschen.

5. Die Keule herausnehmen, warm halten. Die Sauce durch ein feines Sieb passieren. Mit dem restlichen aromatisierten Olivenöl und Salz abschmecken.

Grüne Bohnen mit Tomaten

Zutaten für 4 Personen:

800 g Brechbohnen

400 g Tomaten · 2 Zwiebeln

1 Knoblauchzehe

2 Eßl. Butter

2 Eßl. Olivenöl, kaltgepreßt

1 Tr. Bergbohnenkraut-Öl

Salz · 3 Tr. Pfeffer-grün-Öl

Gelingt leicht

Pro Portion etwa:
710 kJ/170 kcal
6 g Eiweiß · 9 g Fett
16 g Kohlenhydrate

- Zubereitungszeit: etwa
  45 Minuten

1. Die Bohnen waschen, von Enden und Fäden befreien und in etwa 5 cm lange Stücke schneiden. Die Tomaten mit kochendem Wasser überbrühen, häuten und vierteln, dabei die Stielansätze entfernen. Die Zwiebeln schälen und in dünne Ringe schneiden. Den Knoblauch schälen und fein hacken.

2. Die Butter und 1 Eßlöffel Olivenöl erhitzen. Die Zwiebeln und den Knoblauch darin bei schwacher Hitze glasig dünsten. Die Bohnen dazu geben und zugedeckt etwa 10 Minuten garen.

3. Das Bergbohnenkraut-Öl mit dem restlichen Olivenöl mischen und zusammen mit den Tomaten zu den Bohnen geben. Alles salzen und zugedeckt noch etwa 15 Minuten garen. Kurz vor dem Servieren das Pfeffer-Öl unter das Gemüse rühren.

Im Bild rechts:
Lamm mit Roquefort-Creme
Im Bild links:
Grüne Bohnen mit Tomaten

Gnocchi mit Salbeibutter

Zutaten für 4 Personen:
1 kg mehligkochende Kartoffeln
2 Eigelb · Salz
200 g Mehl
2 Tr. Salbei-Öl
3 Tr. Pfeffer-grün-Öl
125 g Butter · 20 g Parmesan
Für die Arbeitsfläche und zum
Formen: Speisestärke

Braucht etwas Zeit

Pro Portion etwa:
2700 kJ/640 kcal
12 g Eiweiß · 31 g Fett
78 g Kohlenhydrate

• Zubereitungszeit: etwa
 1 1/2 Stunden

1. Die Kartoffeln waschen, in wenig Wasser in etwa 30 Minuten garen, abgießen, heiß pellen und sofort durch die Kartoffelpresse drücken. Kurz ausdampfen lassen.

2. Das Püree, die Eigelbe, Salz und das Mehl mit den Knethaken des elektrischen Handrührgerätes kurz durchkneten.

3. Die Arbeitsfläche mit Speisestärke bestäuben. Den Teig darauf zu einer Kugel formen, in etwa 6 Portionen teilen. Diese zu etwa 2 cm dicken Rollen formen.

4. Ein Backblech mit Speisestärke bestäuben. Ein Messer in Speisestärke tauchen. Die

Rollen damit in etwa 2 cm dicke Scheiben schneiden. Eine Gabel in Speisestärke tauchen. Damit jedes Teigstück über dem Mittelfinger andrücken. Die Gnocchi auf das Backblech legen.

5. 3 Liter Wasser mit 1/2 Eßlöffel Salz mischen und zum Kochen bringen. Die Gnocci im leicht siedenden Wasser portionsweise garen. Sobald sie an die Oberfläche steigen, sind die Gnocchi fertig. Herausheben, abtropfen lassen und warm stellen.

6. Die Butter erhitzen. Sobald sie hellbraun wird, den Topf vom Herd nehmen. Die ätherischen Öle unterrühren. Die Gnocchi auf vorgewärmte Teller geben. Die Salbeibutter darüber verteilen, den Parmesan darüber hobeln.

Tomatensauce mit Estragon

Statt Salbeibutter paßt auch diese Tomatensauce zu den Gnocchi.

Zutaten für 4 Personen:
500 g Fleischtomaten
4 Schalotten · 125 g kalte Butter
2 Eßl. trockener Wermut nach
Belieben
Salz
1 Eßl. Honig · 2 Tr. Estragon-Öl
3 Tr. Pfeffer-grün-Öl

Läßt sich gut vorbereiten

Pro Portion etwa:
1200 kJ/290 kcal
2 g Eiweiß · 26 g Fett
8 g Kohlenhydrate

• Zubereitungszeit: etwa
 30 Minuten

1. Die Tomaten mit kochendem Wasser überbrühen, häuten, entkernen und würfeln, dabei die Stielansätze entfernen. Die Schalotten schälen und fein hacken.

2. Knapp 2 Eßlöffel Butter erhitzen und die Schalotten darin glasig dünsten. (Die restliche Butter wieder in den Kühlschrank stellen.) Die Tomaten dazugeben. Alles etwa 15 Minuten bei schwacher Hitze köcheln lassen.

3. Die Tomaten pürieren, den Wermut hinzufügen. Salzen und kurz aufkochen lassen. Die Hitze reduzieren. Den Honig und die ätherischen Öle mischen und unter die Sauce rühren.

4. Die restliche Butter in kleine Stücke schneiden und mit einem Schneebesen unter die Sauce schlagen.

Im Bild vorne:
Gnocchi mit Salbeibutter
Im Bild hinten:
Tomatensauce mit Estragon

Blumenkohl asiatisch

Blumenkohl ist ein wertvolles Gemüse, das in unseren Küchen häufig ein Aschenputtel-Dasein fristet. Machen Sie aus ihm doch ein exotisches Gaumenwunder!

Zutaten für 4 Personen:
500 g Tomaten
1 mittelgroße Zwiebel
1 Knoblauchzehe
1 Blumenkohl (etwa 1 kg)
3 Eßl. Butterschmalz
2 Teel. Kurkuma, gemahlen
Salz · Pfeffer, frisch gemahlen
3 Eßl. asiatische Würzöl-Mischung

Preiswert

Pro Portion etwa:
1000 kJ/240 kcal
8 g Eiweiß · 18 g Fett
13 g Kohlenhydrate

● Zubereitungszeit: etwa 45 Minuten

1. Die Tomaten mit heißem Wasser überbrühen, häuten, entkernen und in Würfel schneiden, dabei die Stielansätze entfernen. Die Zwiebel schälen und fein hacken. Den Knoblauch schälen. Den Blumenkohl waschen und in kleine Röschen teilen.

2. In einem Topf mit hohem Rand das Butterschmalz erhitzen. Die Zwiebel darin glasig dünsten. Die feuchten Blumenkohlröschen dazugeben und unter Rühren etwa 5 Minuten

dünsten. Das Kurkumapulver über den Blumenkohl streuen und kräftig rühren, bis die Blumenkohlröschen gelb sind. Anschließend salzen und pfeffern. Die Tomaten hinzufügen. Den Knoblauch dazupressen. Alles zugedeckt bei schwacher Hitze etwa 15 Minuten garen, bis der Blumenkohl bißfest ist.

3. Den Topf vom Herd ziehen. 2 Eßlöffel der Würzöl-Mischung unter den Blumenkohl rühren. Den Blumenkohl zugedeckt kurz ziehen lassen. Dann die restliche Würzöl-Mischung unterrühren.

Spinat »Oriental«

Dieser Spinat paßt gut zu Lammfleisch, Geflügel und Fisch, schmeckt aber auch himmlisch als Füllung für Pfannkuchen.

Zutaten für 4 Personen:
60 g Rosinen
1 kg frischer Spinat
1 Eßl. Butterschmalz
60 g Pinienkerne
2 Eßl. weiche Butter
1 Eßl. orientalische Würzöl-Mischung
Salz

Raffiniert

Pro Portion etwa:
1100 kJ/260 kcal
9 g Eiweiß · 20 g Fett
5 g Kohlenhydrate

● Zubereitungszeit: etwa 30 Minuten

1. Die Rosinen in einem Schälchen mit Wasser bedecken und quellen lassen. Den Spinat gründlich waschen und verlesen. Die Stiele abknipsen. Den Spinat tropfnaß in einen großen Topf mit hohem Rand geben. Bei mittlerer Hitze zusammenfallen lassen. In ein Sieb geben, gut ausdrücken und auf einem Brett grob hacken.

2. Die Rosinen in ein Sieb geben und abtropfen lassen. Das Butterschmalz in einem Topf mit hohem Rand erhitzen und die Pinienkerne darin hellbraun anrösten. Die Rosinen und den Spinat dazugeben. Alles bei schwacher Hitze etwa 5 Minuten garen.

3. In der Zwischenzeit die Würzöl-Mischung unter die Butter mischen. Den Spinat damit aromatisieren und sofort servieren.

Variante:
Auf die gleiche Art können Sie auch Mangold zubereiten, dabei verdoppelt sich die Garzeit.

Im Bild vorne: Blumenkohl asiatisch
Im Bild hinten: Spinat »Oriental«

Wirsing provençal

Dieser Wirsing paßt zu Geflügel, zu Fleischgerichten und ganz besonders zu gebratenem Fisch.

Zutaten für 4 Personen:
1 mittelgroßer Wirsingkopf
(etwa 1 kg)
2 Schalotten
50 g Butter
Salz
Pfeffer, frisch gemahlen
1 Eßl. provenzalische Würzöl-Mischung

Gelingt leicht

Pro Portion etwa:
790 kJ/190 kcal
7 g Eiweiß · 11 g Fett
6 g Kohlenhydrate

• Zubereitungszeit: etwa 35 Minuten

1. Vom Wirsing die äußeren Blätter entfernen. Die restlichen Blätter ablösen und waschen. Dann die dicke Mittelrippe herausschneiden. Die Blätter in etwa 1 1/2 cm breite Streifen schneiden. Die Schalotten schälen und fein hacken.

2. In einem breiten Topf die Butter erhitzen. Die Schalotten darin glasig dünsten.

3. Den Wirsing dazugeben und unter ständigem Rühren etwa 10 Minuten andünsten. Zugedeckt bei schwacher Hitze in etwa 10 Minuten bißfest garen. Das Gemüse salzen und pfeffern und die Würzöl-Mischung unterrühren.

Kohl und Rüben »Wild«

Mit der Wild-Würzöl-Mischung unterstreichen Sie den Eigengeschmack jeder einzelnen Gemüsesorte.

Zutaten für 4 Personen:
200 g Rosenkohl
200 g Möhren
200 g Kohlrabi
200 g kleine weiße Rüben
200 g Petersilienwurzeln
1 kleine Zwiebel
2 Eßl. Erdnußöl
25 g Butter
2 Eßl. Wild-Würzöl-Mischung
Salz
Pfeffer, frisch gemahlen
1/2 Bund glatte Petersilie nach Belieben

Braucht etwas Zeit

Pro Portion etwa:
840 kJ/200 kcal
6 g Eiweiß · 14 g Fett
12 g Kohlenhydrate

• Zubereitungszeit: etwa 1 Stunde

1. Vom Rosenkohl die äußeren Blätter entfernen, die Stiele abschneiden. Die Röschen waschen. Die Möhren, den Kohlrabi, die weißen Rübchen und die Petersilienwurzeln waschen, schälen und in Würfel schneiden. Die Zwiebel schälen und fein hacken.

2. In einem großen Topf das Erdnußöl und die Butter erhitzen. Die Zwiebel darin glasig dünsten. Das Gemüse dazugeben und unter ständigem Rühren etwa 5 Minuten andünsten.

3. 1 Eßlöffel Würzöl-Mischung unter das Gemüse rühren, salzen und pfeffern. Alles zugedeckt noch etwa 20 Minuten bei schwacher Hitze garen.

4. Die Petersilie waschen, die Blättchen abzupfen und fein hacken. Unter den Eintopf rühren. Das restliche Würzöl kurz vor dem Servieren unter den Eintopf ziehen.

Tip!

Besonders schmackhaft wird dieser Eintopf, wenn Sie ein »Confit de canard« (in eigenem Fett gegartes und eingelegtes Entenfleisch) mitkochen.

Im Bild vorne: Wirsing provençal
Im Bild hinten:
Kohl und Rüben »Wild«

Olivenkuchen nach Paulette

Zutaten für eine Kastenform
von 29 cm Länge (für 8 Personen):

150 g gekochter Schinken
100 g Gruyère (Greyerzer)
1 Tr. Rosmarin-Öl
1 Tr. Thymian-Öl
1 Tr. Oregano-Öl
150 ml Olivenöl, kaltgepreßt
250 g Mehl
1 gestrichener Teel. Salz
4 Eier · 1 Würfel Hefe (42 g)
150 ml trockener Weißwein
(ersatzweise Wasser)
Pfeffer, frisch gemahlen
100 g grüne Oliven, entsteint
100 g schwarze Oliven, entsteint
Für die Form: 1 Teel. Butter · Mehl

Raffiniert

Pro Portion etwa:
2100 kJ/500 kcal
14 g Eiweiß · 35 g Fett
27 g Kohlenhydrate

- Zubereitungszeit: etwa
  1 Stunde

1. Den Schinken klein würfeln, den Käse fein reiben. Die ätherischen Öle in das Olivenöl einrühren.

2. Das Mehl und das Salz mischen, in die Mitte eine Vertiefung drücken. Die Eier hineingleiten lassen. Die Hefe darüber bröckeln.

3. Den Wein und das aromatisierte Olivenöl langsam dazugießen. Den Teig mit den Knethaken des elektrischen Handrührgeräts durcharbeiten. Den Backofen auf 175° vorheizen.

4. Den Teig mit Pfeffer würzen. Den Käse, den Schinken und die Oliven mit einem Kochlöffel darunter mischen. Eine Kastenform mit der Butter gut ausstreichen, dann mit wenig Mehl ausstreuen. Den Teig einfüllen und im Backofen (Mitte, Umluft 160°) in etwa 45 Minuten goldbraun backen.

5. Den Kuchen aus dem Backofen nehmen und aus der Form lösen. Zum Auskühlen vorsichtig auf ein Kuchengitter stürzen. Vor dem Servieren in etwa 2 cm dicke Scheiben schneiden.

Möhren-Kartoffel-Topf

Zutaten für 4 Personen:

500 g Möhren · 500 g Kartoffeln
2 Eßl. weiche Butter
2 Tr. Karottensamen-Öl
1 Tr. Bay-Öl
2 große Markknochen (Sie benötigen etwa 60 g Mark)
40 g Schalotten
1 Bund glatte Petersilie

Pro Portion etwa:
950 kJ/230 kcal
14 g Eiweiß · 8 g Fett
25 g Kohlenhydrate

Würzig

- Zubereitungszeit: etwa
  45 Minuten

1. Die Möhren und die Kartoffeln waschen, schälen und in Scheiben schneiden. In einem gußeisernen Topf etwa 1 Eßlöffel Butter erhitzen. Die Möhren darin etwa 5 Minuten unter ständigem Rühren andünsten.

2. Die ätherischen Öle mit der restlichen Butter verrühren und unter die Möhren mischen. Die Kartoffeln dazugeben, leicht salzen. Alles zugedeckt bei schwacher Hitze noch etwa 10 Minuten garen (bei Bedarf ein wenig Wasser dazugießen). Den Backofen auf 200° vorheizen.

3. In der Zwischenzeit das Mark aus den Knochen lösen und fein hacken. Die Schalotten schälen und ebenfalls fein hacken. Die Petersilie waschen und die Blättchen fein hacken. Kartoffeln und Möhren vorsichtig mischen. Mark, Schalotten und Petersilie gleichmäßig darüber verteilen. Das Gemüse im Backofen (oben, Umluft 180°) oder unter dem Grill etwa 15 Minuten überbacken.

Variante:
Für ein vegetarisches Gericht können Sie das Knochenmark durch Butter ersetzen.

Im Bild vorne:
Olivenkuchen nach Paulette
Im Bild hinten:
Möhren-Kartoffel-Topf

Grießpudding mit Ingwer-Öl

Grießpudding einmal anders: als lockeres, feines Dessert, das rasch zubereitet ist.

Zutaten für 4 Förmchen von
etwa 8 cm Ø:
1/4 l Milch
1 Prise Salz
40 g Hartweizengrieß
1 1/2 Blatt Gelatine
3 Tr. Ingwer-Öl
2 Tr. Mandarine-grün-Öl
3 Tr. Bergamotte-Öl
250 g Sahne
50 g Zucker
Für die Förmchen: Butter

Gelingt leicht

Pro Portion etwa:
1300 kJ/310 kcal
5 g Eiweiß · 22 g Fett
25 g Kohlenhydrate

- Zubereitungszeit: etwa
  15 Minuten
- Kühlzeit: mindestens
  2 Stunden

1. Die Milch mit dem Salz mischen und zum Kochen bringen. Den Grieß unter ständigem Rühren langsam einrieseln lassen. Dann unter weiterem Rühren etwa 5 Minuten quellen lassen. Den Grießbrei lauwarm abkühlen lassen.

2. In der Zwischenzeit die Gelatine nach Packungsanweisung in Wasser einweichen. Die Förmchen mit Butter ausstreichen. In einem kleinen Topf 2 Eßlöffel Wasser erhitzen. Die Gelatine gut ausdrücken und in dem Wasser auflösen.

3. Die ätherischen Öle und die Gelatine unter den Grießbrei rühren. Die Sahne mit dem Zucker steif schlagen und portionsweise unter den Grießbrei heben, damit er schön locker wird.

4. Den Grießbrei in die Förmchen füllen und im Kühlschrank mindestens 2 Stunden fest werden lassen. Vor dem Servieren die Förmchen kurz in heißes Wasser tauchen, dann den Grießpudding auf Dessertteller stürzen. Dazu passen Fruchtkompott, frischer Beerenobstsalat, Fruchtmark und vor allem Lavendel-Wein-Gelee.

Lavendel-Wein-Gelee

Zutaten für 4 Personen:
3 Tr. Lavendel-Öl
2 Eßl. Honig
425 ml roter Dessertwein
2 Eßl. Orangensaft
1 Päckchen gemahlene Gelatine
Zum Garnieren: getrocknete
Lavendelblüten (Naturkostladen)

Für Gäste

Pro Portion etwa:
840 kJ/200 kcal
1 g Eiweiß · 0 g Fett
23 g Kohlenhydrate

- Zubereitungszeit: etwa
  15 Minuten
- Kühlzeit: mindestens
  2 Stunden

1. In einer Schüssel das Lavendel-Öl mit dem Honig mischen. Den Dessertwein dazugeben und alles gut miteinander verrühren.

2. Den Orangensaft in einem kleinen Topf erhitzen. Das Gelatinepulver darin auflösen und unter den aromatisierten Dessertwein rühren.

3. Die Flüssigkeit in eine hübsche Schüssel gießen oder auf vier schöne Gläser verteilen und mindestens 2 Stunden kalt stellen.

4. Das Lavendel-Wein-Gelee etwa 1 Stunde vor dem Servieren aus dem Kühlschrank nehmen, denn erst bei Raumtemperatur entfaltet es sein volles Aroma. Mit Lavendelblüten garnieren. Dieses Dessert paßt zu Grießpudding und Apfel-Rosen-Sorbet (Rezept Seite 58).

Im Bild vorne:
Grießpudding mit Ingwer-Öl
Im Bild hinten:
Lavendel-Wein-Gelee

Oeufs à la neige

Kinder – aber nicht nur sie – lieben diese dekorativen und delikaten Schnee-Eier. Sie sind eine Freude für Auge und Gaumen.

Zutaten für 4 Personen:
120 g Zucker
2 Tr. Rosen-Öl
4 Eier
1 Handvoll duftende, frische unge- spritzte Rosenblütenblätter (ersatz- weise getrocknete aus dem Natur- kostladen)
1/4 l Milch
1 Prise Salz
1 Eßl. Himbeergelee oder
1 Tr. rote Lebensmittelfarbe
2 Tr. Vanille-Öl

Spezialität aus Frankreich

Pro Portion etwa:
1100 kJ/260 kcal
9 g Eiweiß · 8 g Fett
36 g Kohlenhydrate

• Zubereitungszeit: etwa 1 1/2 Stunden

1. Den Zucker mit 1 Tropfen Rosen-Öl in ein Schraubglas geben, kräftig schütteln. Die Eiweiße von den Eigelben trennen, 1 Eiweiß getrennt in ein Schälchen geben.

2. Das Eiweiß in dem Schäl- chen zum Kandieren der Rosenblätter mit einem Schneebesen leicht aufschla- gen. Die Blätter damit bestrei- chen und nebeneinander auf Alufolie legen. Mit 2 Eßlöffeln Rosenzucker bestreuen und bis zum Garnieren trocknen lassen.

3. Die Eigelbe mit 80 g Rosenzucker in einer Rühr- schüssel cremig schlagen. Die Milch kurz aufkochen lassen, dann mit einem Schneebesen unter die Eiercreme rühren.

4. Das Ganze zurück in den Topf geben und erhitzen, aber nicht aufkochen lassen. Mit einem Kochlöffel so lange rühren, bis die Eiercreme einen Film über dem Kochlöf- fel bildet. Sofort vom Herd nehmen und unter Rühren auskühlen lassen.

5. Anschließend die restlichen Eiweiße mit dem Salz sehr steif schlagen. Zum Schluß den übrigen Rosenzucker einrieseln lassen und vorsichtig unterheben.

Tip!

Der Eischnee gelingt am besten mit ganz frischem Eiweiß und wenn er in einer halbkugelförmigen Rührschüssel (Bain Marie) geschlagen wird. Die Rosenblätter und das Rosen-Öl können Sie durch Lavendelblüten und Lavendel-Öl ersetzen.
Sollten Sie keine ungespritzten frischen Blüten im Garten haben, nehmen Sie getrocknete aus dem Naturkostladen. Getrocknete Blüten müssen Sie nicht kandieren.

6. Einen breiten Topf zu drei Vierteln mit Wasser füllen und dieses zum Kochen bringen. Vom Eischnee mit einem Löffel etwa eigroße Bällchen abstechen und in das siedende Wasser setzen. Sofort wenden, mit einem Schaumlöffel herausheben und zum Abtropfen auf ein Tuch legen.

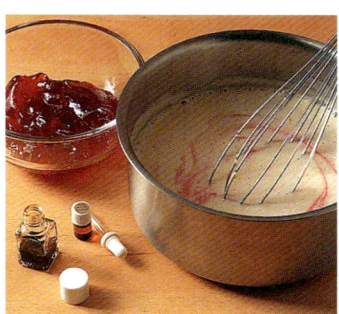

7. Die abgekühlte Eiercreme mit dem Himbeergelee oder der Lebensmittelfarbe färben und mit dem restlichen Rosen-Öl und dem Vanille-Öl aromatisieren.

8. Die fertige Eiercreme in eine breite Schüssel gießen, die Schneeeier vorsichtig darauf setzen. Das Ganze mit den kandierten Rosenblättern garnieren. Kalt, aber nicht geeist servieren.

Apfel-Rosen-Sorbet

Zutaten für 4 Personen:

1 Eßl. Honig

2 Tr. Rosen-Öl

1 Tr. Limetten-Öl

1 Tr. Vanille-Öl

400 g Apfelmus

Gelingt leicht

Pro Portion etwa:
380 kJ/90 kcal
0 g Eiweiß · 0 g Fett
22 g Kohlenhydrate

• Zubereitungszeit: etwa
  15 Minuten
• Gefrierzeit: 4 Stunden

1. Den Honig mit den ätherischen Ölen in einer Schüssel (mit Deckel) mischen. Das Apfelmus dazugeben und gut unterrühren.

2. Das aromatisierte Apfelmus zugedeckt in das Tiefkühlgerät stellen und dort in etwa 4 Stunden fest werden lassen. Dabei immer wieder durchrühren, damit sich keine großen Kristalle bilden.

3. Das Sorbet etwa 15 Minuten vor dem Servieren aus dem Tiefkühlgerät nehmen und antauen lassen. Dann mit einem Pürierstab pürieren. Von der Masse mit einem Eisportionierer Kugeln abstechen und auf hübschen Schälchen servieren. Hierzu paßt besonders gut Lavendel-Wein-Gelee (Rezept Seite 54).

Tomaten-Sorbet

Zutaten für 4–6 Personen:

1 Eßl. Olivenöl, kaltgepreßt

3 Tr. Basilikum-Öl

2 Tr. Pfeffer-grün-Öl

400 ml Tomatensaft

Salz

1/2 Bund Basilikum

Raffiniert

Pro Portion etwa:
97 kJ/23 kcal
1 g Eiweiß · 1 g Fett
2 g Kohlenhydrate

• Zubereitungszeit: etwa
  15 Minuten
• Gefrierzeit: 4 Stunden

1. Das Olivenöl und die ätherischen Öle in einer Schüssel (mit Deckel) mischen. Den Tomatensaft dazugießen. Alles mit einem Schneebesen gründlich aufschlagen, mit Salz abschmecken.

2. Die Flüssigkeit zugedeckt ins Tiefkühlgerät stellen und in etwa 4 Stunden fest werden lassen. Dabei gelegentlich umrühren, damit sich keine großen Kristalle bilden.

3. Das Sorbet etwa 15 Minuten vor dem Servieren aus dem Tiefkühlgerät nehmen und antauen lassen. Das Basilikum waschen, die Blättchen abzupfen.

4. Das Sorbet mit einem Pürierstab pürieren. Mit einem

Eisportionierer je eine Kugel auf kleine Teller setzen. Mit dem Basilikum garnieren.

Rosmarincreme

Zutaten für 4 Personen:

400 g Crème double

50 g Zucker

3 Tr. Rosmarin-Öl

2 Eßl. weißer Dessertwein nach Belieben

1 Zweig frischer Rosmarin

Schnell

Pro Portion etwa:
2000 kJ/480 kcal
3 g Eiweiß · 43 g Fett
17 g Kohlenhydrate

• Zubereitungszeit: etwa
  15 Minuten

1. In einer Schüssel die Crème double, den Zucker, das Rosmarin-Öl und den Dessertwein mit einem Schneebesen schaumig schlagen.

2. Den Rosmarinzweig waschen. Die Creme in Gläser füllen und mit dem Rosmarin garnieren.

Im Bild vorne:Tomaten-Sorbet
Im Bild Mitte: Apfel-Rosen-Sorbet
Im Bild hinten: Rosmarincreme

Roter Wirbelwind nach Billy

Der Limettensirup läßt sich nur in größeren Mengen herstellen.

Zutaten für 4 Personen:
Für den Limettensirup (reicht für 16 Drinks):
7 Tr. Limetten-Öl · 50 ml Ahornsirup
Für die Drinks:
20 ml Grenadinesirup · Eiswürfel
1 l kaltes Tonicwater
60 ml Grapefruitsaft
Zum Garnieren: 1 unbehandelte Zitrone

Ohne Alkohol

Pro Portion etwa:
300 kJ/71 kcal
0 g Eiweiß · 0 g Fett
4 g Kohlenhydrate

● Zubereitungszeit: etwa
10 Minuten

1. In einer Flasche das Limetten-Öl mit dem Ahornsirup mischen. 3 – 4 Eßlöffel Wasser angießen. Die Flasche verschließen, kräftig schütteln.

2. Den Grenadinesirup, ein Viertel des Limettensirups und Eis im Shaker etwa 20 Sekunden kräftig schütteln.

3. Den Drink in Gläser absieihen und mit dem Tonicwater auffüllen. Den Grapefruitsaft dazu gießen. Jedes Glas mit 1 Zitronenscheibe oder mit Zitronenschale garnieren.

Weihnachtspunsch

Zutaten für 5 l:
1/4 l Arrak
1/4 l Weingeist
90 Vol.- % (Apotheke)
8 Tr. Orangen-Öl
2 Tr. Zitronen-Öl
1 Tr. Nelken-Öl
2 Tr. Zimtrinden-Öl
3 Tr. Vanille-Öl
500 g Honig
8 Orangen
2 Zitronen
3 l trockener Rotwein
3/4 l Kirschsaft

Braucht etwas Zeit

Pro Portion (200 ml) etwa:
1200 kJ/290 kcal
1 g Eiweiß · 0 g Fett
31 g Kohlenhydrate

● Zubereitungszeit: etwa
30 Minuten

1. Arrak, Weingeist und ätherische Öle in eine Flasche geben, kräftig schütteln. Den Honig dazugeben. Die Flasche verschließen.

2. Die Orangen und die Zitronen auspressen und den Saft in ein etwa 5 Liter fassendes Gefäß seihen. Mit dem Wein, dem Kirschsaft und dem Arrak-Weingeist-Gemisch auffüllen. Verschlossen mindestens 2 Wochen ziehen lassen. Den Punsch in Flaschen füllen. Im Kühlschrank aufbewahrt hält er mindestens 6 Wochen.

Apfel-Minz-Cocktail

Zutaten für 4 Personen:
1 Tr. Limetten-Öl
2 Tr. Pfefferminz-Öl
1 Eßl. Honig
3/4 l kalter klarer Apfelsaft
1/4 l kaltes Mineralwasser
Zum Garnieren: frische Minze

Ohne Alkohol

Pro Portion etwa:
420 kJ/100 kcal
0 g Eiweiß · 0 g Fett
25 g Kohlenhydrate

● Zubereitungszeit: etwa
15 Minuten

1. Die ätherischen Öle mit dem Honig gut vermischen und mit dem Apfelsaft aufschütteln.

2. Den Apfelsaft in Gläser verteilen, mit dem Mineralwasser auffüllen und mit Minzeblättchen garnieren.

Im Bild vorne: Weihnachtspunsch
Im Bild Mitte:
Roter Wirbelwind nach Billy
Im Bild hinten: Apfel-Minz-Cocktail

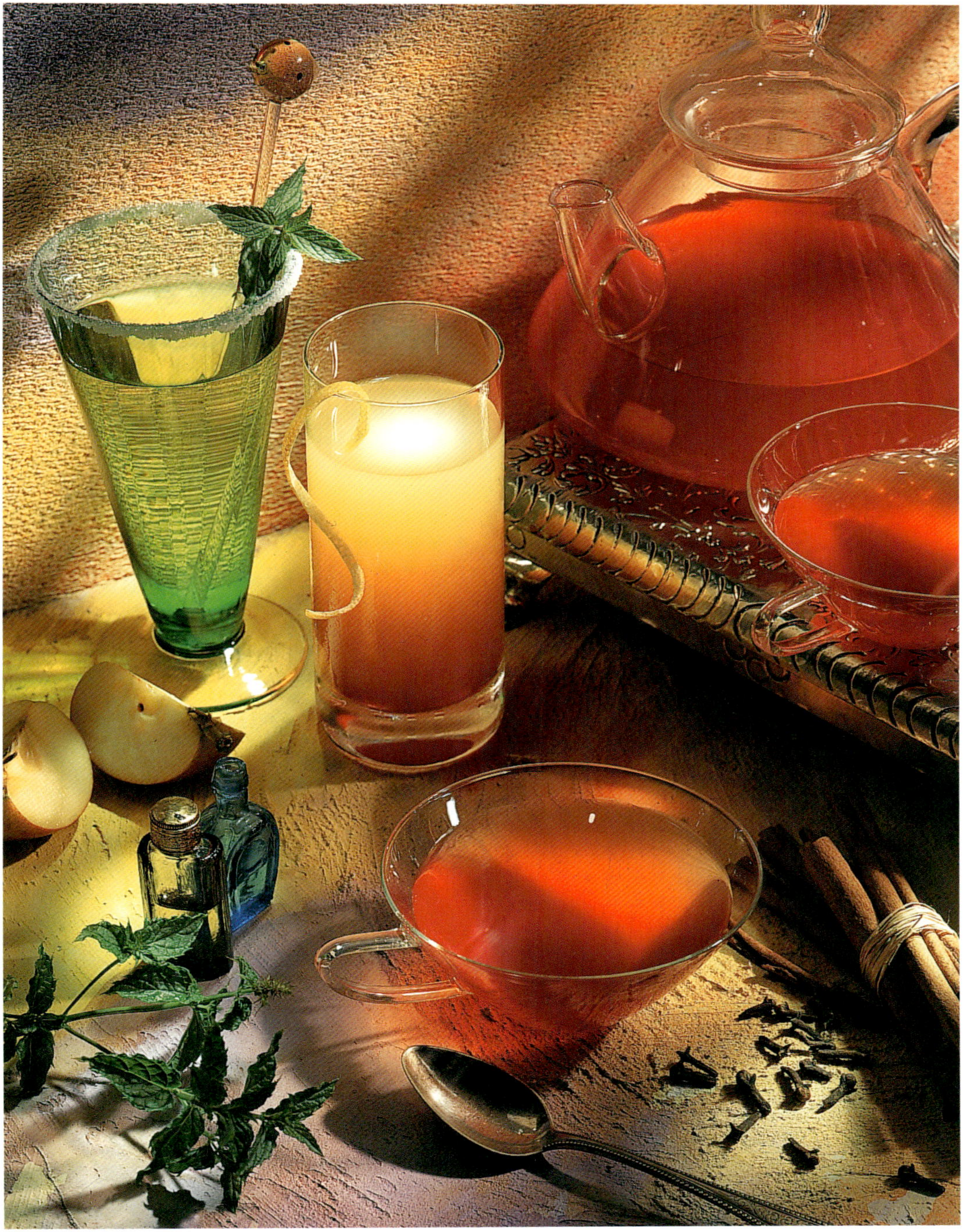

Zum Gebrauch

Damit Sie Rezepte mit bestimmten Zutaten noch schneller finden können, stehen in diesem Register zusätzlich auch beliebte Zutaten wie Möhren und Tomaten – ebenfalls alphabetisch geordnet und halbfett gedruckt – über den entsprechenden Rezepten.

IMPRESSUM

Umschlag-Vorderseite:
Die Rezepte für Entenbrust
mit Mandarinen und Rahm-
klößchen finden Sie auf
Seite 42.

Literatur zum Thema

Maria M. Kettenring,
Aromaküche; Joy Verlag
GmbH, Sulzberg 1994

Monika Werner, *Ätherische
Öle*; Gräfe und Unzer Verlag
Gmbh, München 1993

Monika Werner, *Sanfte
Massage mit ätherischen
Ölen*; Gräfe und Unzer
Verlag GmbH, München
1995

© 1996 Gräfe und Unzer
Verlag GmbH, München.
Alle Rechte vorbehalten.
Nachdruck, auch auszugs-
weise, sowie Verbreitung
durch Film, Funk und Fern-
sehen, durch fotomechani-
sche Wiedergabe, Tonträger
und Datenverarbeitungs-
systeme jeglicher Art nur mit
schriftlicher Genehmigung
des Verlages.

Redaktion: Claudia Daiber
Layout: Ludwig Kaiser
Herstellung: BuchHaus Robert
Gigler GmbH
Fotos: Sabine E. Rieck
und Ulrike Schmid, Primavera
Life (Seiten 4 oben, 7, 8)
Umschlaggestaltung:
Heinz Kraxenberger
Reproduktion: Imago
Druck und Bindung: Appl,
Wemding
ISBN 3-7742-2960-0
Auflage 5. 4. 3.   2 1.
Jahr   2000 99 98 97 96

Monika Werner

ist Heilpraktikerin und Vor-
sitzende des Forum Essenzia
e.V., eines gemeinnützigen
Vereins für Förderung, Schutz
und Verbreitung von Aroma-
therapie und Aromapflege.
Ihre geheime Leidenschaft ist
das Kochen. Die berufliche
Erfahrung mit ätherischen
Ölen hat sie deshalb auch
in der Küche umgesetzt. So
entstanden ungewöhnlich
raffinierte Gerichte, die einfach zuzubereiten sind. Ein
Geschmackserlebnis der
besonderen Art.

Sabine E. Rieck

ist seit vielen Jahren als selb-
ständige Fotografin tätig.
Zunächst arbeitete sie im
eigenen Hamburger Studio.
Heute lebt sie mit ihrer Familie in München. Der Foodfotografie verschrieb sie sich aus
Liebe zum Kochen und Freude am Dekorieren. Sie ist für
Werbeagenturen sowie für
Zeitschriften- und Buchverlage
tätig. Seit ihrer gemeinsamen
Lehre arbeiten Ulrike Schmid
und Sabine E. Rieck erfolgreich zusammen, wobei sie
auch das Styling in die Hand
nehmen.

Ulrike Schmid

hat sich nach der Ausbildung
zur Fotografin ebenfalls der
Foodfotografie verschrieben.
Seit vielen Jahren arbeitet sie
erfolgreich für verschiedene
Verlage. Sie hat bereits mehrere Kochbücher gestaltet.